에어비앤비 액티브 시니어 인생 호스팅

빈방으로 찾은 두 번째 청춘

에어비앤비 액티브 시니어 인생 호스팅

빈방으로 찾은 두 번째 청춘

에어비앤비 지음

숙박공유를 통해
활력을 찾은
액티브 시니어의
두 번째 인생을
응원합니다

낯선 여행자들에게 잠자리와 아침밥을 제공해 색다른 여행 경험을 만들자는 청년들의 사업 아이디어에서 시작한 에어비앤비(Airbnb). 덕분에 전 세계 어디로 여행을 떠나도 내 집같이 편하게 머물고 싶은 여행자들의 바람은 이제 현실이 되었습니다. 에어비앤비는 혁신적인 디지털 기술로 사람과 사람을 이어주며 전 세계 여행자들이 현지인처럼 '살아보는' 여행을 가능하게 했습니다. 그리고 세계 최대 숙박공유 플랫폼으로 성장했습니다. 에어비앤비를 통해 사람들은 집을 공유할 뿐 아니라 경험과 문화를 나누며 글로벌 커뮤니티를 형성하고 있습니다.

지난 몇십 년 동안 여행 산업에는 많은 변화가 있었습니다. 긍정적인 변화도 있었지만 패키지여행과 상업적인 숙박업소가 증가했습니다. 그러면서 사람과 사람 사이의 교감, 지역 고유 문화와 분위기에서 만들어지는 여행의 감동이 줄어들었습니다. 이제 사람 간의 소통, 교감의 빈자리를 채울 새로운 여행 경험을 원하는 사람들이 늘고 있습니다.

특별한 여행을 만드는 건 바로 사람입니다. 에어비앤비의 중심에는 호스트, 곧 사람이 있습니다. 에어비앤비의 집주인인 호스트(Host)는 낯선 사람을 '아직 만나지 않은 친구'라고 여기며 나의 집을 찾은 게스트를 따뜻하게 맞이합니다. 호스트 커뮤니티를 이끌고 있는 그룹 중에 시니어들은 단연 눈에 띕니다. 이분들은 자신의 집은 물론 자신의 경험과 삶의 지혜를 공유하며 게스트를 환대하고 특별한 여행 경험을 제공합니다. 실제로 에어비앤비 호스트 중 60세 이상의 시니어가 전체 호스트의 10%를 차지합니다.

호스팅을 시작하는 이유는 다양합니다. 에어비앤비를 통해 얻은 부수입으로 생활비를 충당하고 노후의 경제적 부담을 덜어내고자 합니다. 새로운 사람들을 만나 삶의 활력을 찾기 위해 시작하기도 합니다. 집으로 찾아오는 게스트와 관계를 맺으면서 외로움도 해소하고 활동적인 생활을 유지할 수 있기 때문입니다. 이분들은 호스팅을 하면서 긍정적인 삶의 변화를 경험하고 있습니다. 세계 여행자들과 교류하는 특별한 경험을 통해 자존감도 높아지고, 우리 집을 찾는 게스트에게 동네 맛집과 명소를 알려주는 등 민간 명예 홍보대사로 활약하며 새로운 삶의 의미와 에너지를 찾고 있습니다.

한국의 시니어 호스트들 역시 에어비앤비에서 중요한 역할을 하며 활동합니다. 최근 50~60대가 액티브 시니어(Active Senior)라 불리며 사회 전반에서 주목을 받고 있습니다. 진짜 삶은 은퇴 후에 시작된다는 생각이 대중화되면서 행복한 노후생활을 위해 자신에게 아낌없이 투자하고 적극적으로 문화생활을 향유합니다. 은퇴 후에도 사회와 작별할 생각은 없습니다. 시시각각 쏟아지는 뉴스에 귀 기울이고 SNS 등 새로운 매체를 통한 소통에도 관심이 많습니다. 이분들은 경제활동의 주체로 당당하게 자리 잡고 있습니다. 100세 시대를 준비하는 방법으로 숙박공유를 선택하는 시니어들이 늘고 있습니다. 부수적인 가치를 창출하고 새로운 경험을 접할 수 있는 숙박공유가 인생의 2막을 여는 지름길이기 때문입니다. 에어비앤비는 거창한 준비 없이, 현재 소유하고 있는 내 집에서 당장 시작할 수 있다는 점이 매력적입니다. 공유경제 활동의 대표로 숙박공유는 빠르게 우리 사회의 새로운 문화 현상으로 자리잡고 있습니다.

그동안 에어비앤비는 멋진 시니어 호스트분들을 만나 호스팅이 인생에 가져온 긍정적인 변화에 대한 이야기를 많이 들었습니다. 이분들은 나이가 지긋이 들어 숙박공유에 도전했고 그 결과 즐겁고 활력 넘치는 삶을 다시 찾았습니다. 가장 또는 엄마라는 완장을 달고 앞만 보고 달려온 지난 세월 동안 느껴보지 못했던 두근두근한 설렘이 선물처럼 찾아왔습니다. 우리 집에 방문했던 게스트의 집을 찾아 해외여행을 떠나는 꿈을 이룬 사연, 경제적으로 자립해 자신감을 되찾은 긍정적인 변화부터 외국인에게 한국 문화를 알리는 우리 동네 외교관이 되었다는 이야기. 이런 가슴 뛰는 이야기들을 많은 사람들과 나누기 위해 이 책을 만들었습니다. 더 많은 사람들이 빈방을 공유함으로써 밝고 행복한 삶과 긍정적인 커뮤니티를 만들어 가기를 바랍니다.

에어비앤비 코리아

두근두근 설렘이
가득한 두 번째 인생

100세 시대!

이제 쉰은 겨우 인생의 절반입니다.

그리고 새로운 시작 앞에 서게 됩니다.

여전히 외모와 패션이 신경 쓰이시나요?

직접 여행지를 찾아보고 훌쩍 여행을 떠나시나요?

여전히 끊임없이 움직이며 사회 활동을

지속하고자 하는 욕구가 가득하신가요?

그렇다면 당신은 '액티브 시니어'입니다.

여전히 심장이 쿵쾅쿵쾅 요동치고

새로운 시작에 대한 갈망으로 설레신다고요?

당신은 틀림없는 '액티브 시니어'입니다.

자, 이제 반 평생을 함께한 나의 집, 자식이 출가한 후
남겨진 '빈방'을 열어 두 번째 청춘을 맞이하세요.
한국으로 어학 연수를 온 덴마크의 20대 여대생 '잉그리드',
K-POP을 좋아해 한국에 콘서트를 보러 온 30대 중국 친구 '웨이',
한국에서 생활하고 있는 아들을 보러 미국에서 온 70대 '데이브 부부'.
우리 집에 머물다 가는 여행객은 모두 당신의 친구가 됩니다.

운이 좋으면 같이 전시회를 보거나, 등산을 가거나, 자전거를 타는
국경을 초월한 절친한 친구를 만날지도 모릅니다.

때로는 거창한 관광지가 아닌 동네 삼겹살 맛집에 감동해
'당신 덕분에 현지의 문화를 경험하는 살아보는 여행을 했다'는
손편지와 작은 선물을 받고 뿌듯함을 느낄 테지요.

에어비앤비 호스트로 살면 언제나 꽃피는 청춘일 것 같습니다.
누구에게도 기대지 않고 자기답게 사는 즐거움을
전 세계 사람들과 연결되어 서로 나눔으로써
더욱 풍요로워지는 행복한 삶을 오래오래 누렸으면 좋겠습니다.

목차

목차

에어비앤비
액티브 시니어
12인의 이야기

서울 북촌마을 박소자 님

"빈방이 한국 문화
홍보대사라는 새로운
직업을 주었어요."

계동의 손큰 왕언니
서울 북촌마을 박소자 님

북촌으로 시집온 뒤 평생을 계동에서 살아온 북촌 마님. 밖으로는 북촌 한옥마을 보존 운동에 힘썼던 남편을 보필하고 안으로는 대궐 같은 기와집에서 대가족을 건사해 낸 외유내강의 아이콘. 대가족 살림을 도맡아 하다 보니 손이 크고 인심이 좋다.

'북촌에 온 손님이면 내 집에 온 손님'이라고 생각한다. 다 같이 어렵게 살았을 땐 동네 사람들을 모아다가 밥도 해 먹였을 만큼 마음이 따뜻하다. 북촌에 관광객이 드나들기 시작할 무렵, 길 가던 사람들에게 떡을 나눠줘서 골목길의 모든 사람이 떡을 들고 다니는 진풍경이 벌어지기도 했다. 오랫동안 근처 노인정과 병원에서 봉사 활동을 해왔다.

집에 묵는 에어비앤비 게스트에게도 푸짐하게 퍼준다. 예약 공지에도 없는 아침밥을 상다리가 휘어지게 차려주는 통에 가끔 막내딸의 잔소리를 듣는다. "엄마, 그러다 병나니까 무리하지 마요!" 그래도 외국인에게 한식을 맛보여 주겠단 박소자 님의 고집은 꺾지 못한다. 건강이 허락하는 한 한국 문화를 알리는 데 더욱 힘쓰겠다는 다짐을 굳힌다.

그리고 내심 에어비앤비를 운영하면서 자신의 의지대로 따라주는 남편이 고맙고 막내딸이 기특하다. 예전에는 모든 게 남편 중심으로 돌아갔었지만 이제는 대장 노릇을 한다. 요즘만큼 자기 자신이 대견할 때가 없다.

딸	"엄마, 건강 좀 생각하세요. 이불 홑청 바느질하느라 손에 물집까지 잡히고. 속상하게!"
소자	"아이고, 말리지 마. 나는 가만히 있으면 병나."
딸	"그래도 가족들이 걱정해요. 적당히 하라니까."
소자	"너희 아버지가 이불도 날라다 주고, 네가 연락도 다 해주는데 뭘. 엄마는 게스트들이 남긴 잘 쉬다 간다는 편지만 봐도 기운이 솟아. 그나저나, 게스트들 아침상 나를 때 쓸 아이스박스 하나 살까?"

한옥이 선물한 새로운 인생

일흔 살이 되던 해, 덜컥 한옥을 샀다. 북촌 한옥마을 어귀에 있는 방 두 개짜리 아담하고 오래된 한옥이 마음에 쏙 들었다. 안 팔겠다는 집주인 할아버지를 구슬려 얼른 샀다. 그 후 가족들에게 선포했다. "나, 이제 호 스팅 할 거야!" 평생을 반대해왔던 남편도 의외로 순순히 내 편을 들어 주었다. 남편은 밖에서 누구보다 북촌 한옥마을 지키기 운동에 앞장서 는 사람이다. 지난 40년간 이 마을에 살면서 민박은 절대 못하게 하더 니 이번엔 고집을 꺾었다.

나이가 많다는 이유로 자원봉사를 그만두게 되면서 생긴 우울증도 사라 졌다. 더는 삶이 무력하지도, 힘에 부치지도 않았다. 그럴 틈이 어디 있 나! 한시라도 빨리 내 공간을 꾸미고 싶었다. 내 힘으로 해야 할 일을 만 들고 나니 금세 예전의 활력 넘치던 모습으로 돌아왔다. 반대하던 가족 들도 호스팅 덕분에 엄마의 우울증이 치유되었다며 응원해준다.

요즘 남편은 종종 나를 '대장'이라 부른다. 무거운 물건을 옮기거나 이불 홑청을 옮기는 건 언제나 남편의 몫이다. 도와주는 것도 고마운데 그간 혼자서 독차지해 온 대장 감투까지 나에게 양보하다니! 지금껏 남편 뒷 바라지를 해 왔으니 서로 바뀐 처지를 즐기기로 했다.

호스팅은 우리 가족 소통의 창구

"엄마, 또 무슨 일이에요? 지금 전화 못 받아요."
"아이고 참~ 잠깐이면 돼. 줄리아한테 내일 아침 일찍 밥 차려 놓을 테니 꼭 먹고 가라고 얘기 좀 해줘."

막내딸에게 또 전화를 했다. 미국으로 유학을 다녀온 딸은 구시렁거리면서도 유창한 영어 실력으로 엄마를 도와준다. 외국인 게스트가 오면 한국에 왔으니 한식은 먹이고 보내야겠다 싶어 사전 안내에는 없는 아침 식사를 대접하는데 막내딸은 그게 마음에 안 드는 모양이다. 그릇을 나르는 분홍색 양동이가 마음에 안 든다고, 엄마가 힘들어서 안 된다고 투덜대지만 그게 나의 행복이다. 딸은 게스트의 사생활을 존중해야 한다며 혹시나 게스트가 불편해할 정도로 너무 빈번하게 대화를 나누는 건 아닌지 조심스러워하지만, 나는 우리 집을 찾은 게스트에게 궁금한 것이 많다. 혹여나 어디 불편한 곳은 없는지, 한국으로 여행을 온 이유가 무언지. 아픈 사람에게 맞는 음식은 따로 있고, 각 게스트에 맞게 줄 수 있는 정보와 선물은 다르니까.

한옥에서 함께 호스팅을 하면서 아웅다웅한 지도 벌써 5년째. 한옥을 원래의 모습으로 복원하기 위해 수세미로 여러 차례 문지르고 긁어내어 서까래를 드러내는 작업은 딸이, 알록달록한 노리개를 달고 도자기를 놓아 한국식 분위기를 더하는 일은 내가 했다. 어엿이 자란 딸은 미술 전공을 살려 한쪽 벽을 갤러리로 만든 후 나에게 '갤러리 관장'이라는 멋진 직함도 주었다. 1년에 서너 차례 작은 전시를 여는 갤러리지만 우리 집을 찾아온 게스트들은 나를 "관장님!" 이라고 부르기도 한다. 나이 일흔에 나에게 새로운 직업이 두 개나 생긴 거다. 막내딸이 어릴 적에는 집안 살림을 도맡아 대가족인 열일곱 식구를 건사하느라 사는 게 바빠서 딸을 살뜰히 챙기지 못했는데, 이제는 게스트 얘기를 나누며 슬며시 손도 잡고 그런다.

'톰이 안경을 놔두고 갔대, 미치코가 편지를 보냈더라.' 그러면서 말이다. 막내딸과 대화가 늘었다. 가족 간의 소통이 늘어났다. 호스팅이 나에게 선물해 준 또 하나의 기쁨이다.

나는 한국 문화 홍보대사

게스트가 오는 날에는 얼마나 신이 나는지 모른다. 친구와의 수다도 마다하고 바로 집으로 돌아온다. 우선 문을 활짝 열어 환기를 시킨다. 미리 준비해 놓은 이불보도 다시 한 번 싹 다린다. 내 집에 오는 게스트에게 한옥, 한식 침구, 한국 음식 이 세 가지는 꼭 대접하고 싶다.

특히 한식 침구는 나의 자존심이다. 집을 단장하면서 제일 먼저 고운 분홍색 비단을 덧댄 침구를 여러 채 마련했다. 예전 양갓집 규수 댁에서 시댁으로 지어 보내던 스타일로. 게스트가 묵어가면 이불 홑청을 뜯어서 세탁하고 햇볕에 말려 다시 바느질하는데 꼬박 삼일이 걸린다. 자식들이 아무리 힘들다고 만류해도 체력이 허락하는 한 게스트에게 깨끗한 한식 잠자리를 마련해 주고 싶다.

깨끗하게 다려놓은 바삭바삭한 이불을 보면 얼마나 뿌듯한지. 이렇게 마음을 다해 대접하면 예상치 못한 선물을 받기도 한다. 비싼 술을 놓고 가는 게스트도 있고 손편지를 남기고 가는 분도 있다. 이런 작은 선물들이 매개가 되어 지금까지 서로 연락을 하고 지내는 외국인 친구도 생겼다. 그럴 땐 한국인의 정이 통했다 싶다. 경복궁과 창덕궁 사이, 권문세가들이 살던 우리 북촌마을로 여행 오길. 한국에 왔으면 한옥에 머물면서 소나무와 창호지 냄새를 맡아봐야 한국인의 정서를 이해할 수 있다. 그럴 때면 한국의 미와 한옥의 소중함을 알리는 것 같아 마음이 뿌듯하다.

청결한 집으로
게스트 맞이하기

게스트를 따뜻하게 맞이하는 방법은 여러 가지가 있어요.
그 중 청결한 숙소는 가장 기본적인 요소죠. 깨끗하고 정리가
잘 된 집은 게스트에게 편안함을 느끼게 해줘요. 게스트를 진심으로
환영하는 호스트의 마음을 표현하는 방법 중 하나이기도 하고요.

숙소를 공유하실 때 가장 신경 쓰는 것은 무엇인가요?

집의 청결을 우선시해요. 해외여행을 갈 기회가 있어서 몇 번 여행을 다녔는데 이불이 더러워 불쾌했던 경험이 있거든요. 그래서 '무슨 일이 있어도 우리 집은 청결하게 해 놓아야겠다' 결심했지요. 타지에 와서 묵을 집에 첫 발을 디디는데 집이 더러우면 오랜 비행과 여행으로 피곤한 몸에 기분까지 상하지 않겠어요? 마음도 몸도 편하게 쉴 수 있는 집의 첫 번째 조건은 청결이라고 생각해요.

숙소의 청결 중 게스트들이 가장 민감해하는 부분이 있다면요?

게스트들이 집을 예약하기 전에 잠자리에 대해 많은 질문을 하곤 해요. 처음 호스팅을 시작했을 때는 한옥에 침대가 없었어요. 그런데 외국인들이 바닥에서 자는 문화를 생소해 하더라고요. 허리 배긴다고 힘들어하시는 분들도 있고요. 그래서 침대를 들였죠. 그리고 청결한 인상을 주기 위해 새하얀 침구를 사용했어요. 흰색은 깨끗함의 상징이기도 하지만 잠자리의 고급스러움을 더하는 데도 한몫하죠. 잠자리가 바뀌면 편히 쉬지 못하는 사람들이 많은데 여행객들의 잠자리를 편하게 해주는 게 무엇보다 중요하지 않을까요?

그 외에 다른 노하우가 있다면요?

집의 첫인상을 좌우하는 건 향기라고 해요. 제가 냄새에 민감하기도 하고요. 그래서 집에 향초를 하나 놓았어요. 향기와 함께 우리 집에 대한 좋은 기억을 안고 갔으면 해서요.

북촌에서
체험하는 전통 문화

한국의 전통을 한껏 느낄 수 있는 계동에 위치한 우리 집. 북촌마을은 외국인이
관광을 하러 많이 찾아 오는 곳이기도 하죠. 그 덕에 다양한 체험 프로그램과 전통 음식,
한옥을 쉽게 접할 수 있어요. 우리 동네의 특징이자 장점이죠. 우리 동네가 가진
특징만 잘 발견한다면 게스트에게 한국을 소개할 방법은 무궁무진해요.

한복 입고 관광하기

북촌에는 한복 대여점이 많아요. 한복을 입으면 경복궁 입장이 무료죠. 외국인에게는 한국 전통 의상인 한복을 입어보는 것만으로도 추억이 되는데, 한복을 입고 한국의 전통을 즐길 수 있는 거리를 걸으면 추억은 두 배가 되죠.

한복 대여료 : 하루 약 3~5만 원

북촌동양문화박물관

북촌의 꼭대기에 자리한 북촌동양문화박물관. 마을을 한눈에 내려다볼 수 있는 전망을 가진 곳이라 야경을 감상하기에 아주 좋아요. 북촌동양문화박물관에는 다양한 프로그램도 준비되어 있어요. 그중에 한옥인 우리 집을 찾아온 게스트에게는 한옥의 모형을 직접 조립해보는 프로그램을 추천하곤 해요.

주소 : 서울특별시 종로구 삼청동 35-91
한옥 모형 조립 소요 시간 : 1시간

석정보름우물

북촌마을에는 여러 개의 우물이 있는데 계동길 중앙고등학교로 올라가는 길 우측에 석정보름우물이 있죠. 유리로 막아 놓아서 안을 전부 들여다볼 수는 없지만 아주 가까운 데에 한국의 전통이 덩그러니 놓여 있으니 산책 겸 다녀올 만해요.

주소 : 서울특별시 종로구 가회동 석정보름우물 (계동길 110)

북촌 8경 여행

북촌 거리는 골목골목마다 한국의 전통을 엿볼 수 있는 거리예요. 그래서 외국인 관광객이 유독 많기도 하죠. 게스트가 사진 찍는 걸 좋아한다면 어딜 가도 멋진 경관을 담을 수 있는 북촌 8경을 소개해 주세요. 시간이 많지 않다면 8경 중 한 군데만 정해서 가도 한국의 단아한 분위기를 느끼기에 충분하죠.

홈페이지 : http://bukchon.seoul.go.kr/exp/rcourse02.jsp

부산 대연동 정현숙 님

"에어비앤비는 우리 가족에게 끈끈한 동지애를 선물해줘요."

부산 이층집 어벤저스
부산 대연동 정현숙 님

수줍음이 많은 부산 아지매. 쑥스러움이 많아 나서지 못하다가도 하고 싶은 일이 생기면 뚝심 있게 해나간다. 또래의 아주머니답게 인테리어, 떡케이크 만들기에 관심이 많다. 최근에는 살금살금 관심사를 넓히고 있는 중이다.

아들, 딸과 격 없이 친구처럼 지내는 엄마다. 요즘은 맏딸이 집안의 가장 역할을 톡톡히 하고 있다. 네 가족이 서로 농담도 주고받으며 사이좋게 지내는 걸 복이라 여긴다. 남편은 언제나 내 편이고 자식들은 아프지 않고 건강하게 잘 자라주어 고맙다.

어쩌면 그녀가 부산 대연동 빨간 벽돌집의 숨겨진 악동일지도 모른다. 어느 날 갑자기 에어비앤비 호스트가 되겠다고 가족들에게 선언한 뒤 조용하던 집 안에 작은 소란이 일어났다. 금발 머리에 낯선 눈동자를 가진 외국인들이 집에 드나들기 시작한 거다. 처음에는 가족 간 의견 충돌도 있었지만, 지금은 각자의 자리에서 묵묵히 제 역할을 하며 오히려 관계가 더욱 돈독해졌다. 한 가족에게 '에어비앤비 호스트'라는 공동의 역할이 있으니 무엇이든 함께 공유하고 해결하려는 끈끈한 동지애도 생겨났다.

에어비앤비 호스트가 되기 전에는 외국인과 눈이 마주칠까 피하기 바빴지만 이제는 길을 가다가 외국인을 만나면 먼저 눈을 마주치고 웃으며 인사한다. 요즘은 영어공부에 욕심을 낸다. 지금은 간단한 인사 정도만 가능하지만 언젠간 꼭 영어로 자유롭게 소통하겠다는 희망을 지니고 있다.

현숙	"내일 오후 3시에 브래드가 온다는데 누가 마중 나갈래?"
딸	"난 안 돼. 오후에 일이 있어요. 대신 다음 날 내가 아침 식사 가져다줄게."
현숙	"그럼 아들은?"
아들	"난 시간 돼. 다들 바쁘면 내가 나가야지 뭐."
남편	"게스트가 오기 전에 정원을 다듬어야겠구먼."
현숙	"오케이. 그럼 다들 수고해요. 브래드가 떡을 좋아하려나?"

네 식구가 함께하는 호스팅

웰컴 투 'Busan'. 나는 2년 차 새내기 호스트다. 만 1년이 다 되도록 아무 탈 없이 에어비앤비를 통해 외국인 민박을 운영할 수 있었던 건 우리 가족들 덕분이다. 무뚝뚝한 경상도 남자지만 군말 없이 도와주는 남편, 언제나 엄마를 응원해주는 든든한 딸, 엄마와 누나가 바쁠 때 구원병이 되어주는 아들. 이렇게 네 식구가 서로 도와가며 민박을 운영하고 있다.

특히 우리 딸이 많은 도움을 주고 있다. 에어비앤비 계정을 만들고 엄마가 낯설어 하는 온라인 메시지 보내기를 대신해주는 건 물론 외국인 게스트와 아침 식사를 하며 함께 소통하는 것도 딸아이 역할이다. 처음엔 아침 식사 배달을 맡았는데 게스트와 같이 식사를 하면서부터는 '부산 사람처럼 부산 여행하는 법'도 알려주고 우리 집에 대한 장단점도 물어볼 수 있어서 좋다며 출근 전 잠깐 짬을 내어 식탁에 앉는다. "엄마가 새로운 일에 도전하는 게 보기 좋아요." 마음씨만큼 말도 참 곱게 하는 딸이 있어서 언제나 든든하다.

대학생인 아들은 엄마나 누나가 바쁠 때 대신해서 지하철역으로 게스트 마중을 나간다. 또래 친구들이 오면 말동무가 되어 주기도 한다. 20대 초반의 중국인들이 한류 가수의 콘서트를 보러 왔는데 아들도 음악을 좋아해서 대화가 끊이지 않았다.

남편은 쑥스러움이 많아서 외국인 게스트와의 접촉은 없지만, 집안의 가장으로서 가족의 버팀목이 되어 준다. 꽃나무 가지를 치는 등 정원을 가꾸는 것은 남편의 몫. 그 외에 요리와 청소를 하고 두루두루 집 안의 자잘한 일을 살피는 건 엄마인 내가 도맡아 한다. 우리 넷은 제법 손발이 잘 맞는 가족이다.

가족들이 모이는 식탁 옆에는 커다란 달력을 붙여놓고 게스트의 숙박 일정을 적어 놓았다. 우리 집 식탁에선 이런 말이 오간다. "오늘은 누가 마중 나갈래?"

한국의 옛날 이층집으로 여행 온 외국인 친구들

우리 가족이 사는 부산시 대연동에 있는 오래된 이층집은 부산의 옛 정서를 느낄 수 있는 곳이다. 남편이 국민학교 3학년 때부터 40년간 머물고 있는 집. 계단, 처마, 빨간 벽돌 등 외관은 여전히 옛 모습 그대로다. 여기서 태어나고 자란 자식들의 흔적과 2층에서 신혼살림을 시작했던 우리 부부의 추억이 고스란히 묻어있다. 외국인 친구들도 할머니 댁을 떠올리게 하는 오래된 주택을 보고 정겨워한다. 특히 낮은 높이에 얼기설기 얽혀있는 전신주와 전깃줄은 호기심의 대상이다.

1년 새 중국, 태국, 일본, 프랑스, 벨기에, 캄보디아, 미국, 독일, 캐나다 등 수많은 나라의 여행객이 우리 집을 다녀갔다. 가장 기억에 남는 게스트는 한국말을 유창하게 구사했던 중국인 '옥교'. 부산 출장 중에 우리 집에서 머물렀는데 어찌나 사근사근한지 우리 가족 모두가 옥교를 그리워한다. 마음이 맞아 집 근처의 이기대 스카이워크도 함께 걷고 광안리에서 콩나물 국밥도 나누어 먹었는데, 고마움의 표시로 위안화 한 장을 놓고 갔다. 중국 친구가 남긴 선물은 우리 집 벽에 붙여 놓고 오가면서 추억을 곱씹곤 한다. 우리 가족은 옥교와 새해나 명절에 메신저로 안부를 주고받는 사이가 되었다. 다음에는 또 어떤 게스트가 와서 우리 가족에게 추억을 심어두고 갈까? 두근두근하다.

가족 관계를 더욱
든든하게 이어주는 호스팅

에어비앤비 호스팅 이후 우리 가족은 달라졌다. 내가 시집오면서 신혼 살림을 차렸던 이층을 게스트에게 내어주면서 한 가족이 1층에 도란도란 모여 지내는데, 한 공간에 모여 지내다 보니 가족 간의 대화가 배는 늘어났다. 내심 '내 고집으로 가족들이 불편해하면 어떡하나?' 걱정한 적도 있었지만 역시 에어비앤비를 시작하길 잘했다는 생각이 든다. 호스팅과 게스트에 대한 이야기부터 딸이 일하면서 겪는 고민, 아들의 학교 생활 이야기까지 시시콜콜하지만 소중한 대화들로 집 안이 가득 찬다.

이제 우리 가족은 척하면 척이다. 내가 게스트에게 나눠 줄 떡을 찌면 딸아이가 고명으로 장식을 한다. 아들은 누나에게 외국인 게스트를 친근하게 맞이하는 비법을 묻는다. 아무런 불평 없이 호스팅을 지지해 주던 남편도 조금씩 적극적으로 집안일을 돕기 시작했다. 이렇게 우리 가족은 각자의 자리에서 서로 맡은 일을 해내고 있다.

얼마 전에는 딸과 전주로 둘 만의 단출한 가족 여행을 다녀왔다. 다른 지역의 민박을 답사하겠다는 핑계로 떠난 여행이지만 딸과 소중한 추억을 쌓고 돌아왔다. 평소 가족과 함께 여행을 가자고 말만 앞섰지 막상 떠나질 못했는데 에어비앤비를 시작한 이후 떠날 수 있는 핑곗거리와 용기가 생긴 것이다. 앞으로는 남편, 아들과 시간을 맞춰 온 가족이 함께 경주로, 제주도로 답사를 가장한 가족 여행을 떠날 예정이다. 그날이 빨리 오길 언제나 기다린다. 호스팅은 우리 가족을 더욱 든든하게 연결해 주는 보이지 않는 끈이다.

미래에도 여전히 호스팅

에어비앤비를 통해 무척 많은 것을 배우고 얻은 터라 주위 친구들에게도 추천하고 있다. 하지만 가장 먼저 걱정하는 것은 언어! 그럴 때면 겁먹은 토끼 같은 친구들에게 해 주는 말이 있다. "나도 부족해. 그렇지만 손짓 발짓을 해도 마음은 다 통하더라." 정말이다. 하다 보니 점점 자신감이 생긴다.

또 외국인에 대한 선입견도 사라졌다. 이기대를 산책하다 외국인을 만나면 눈을 마주치고 먼저 웃는다. 얼마나 큰 변화인가! 에어비앤비를 만나기 전이었다면 그들에게 무관심하거나 눈길을 피하기 바빴을 텐데 말이다. 이제는 먼저 웃음을 보내면 더 큰 웃음이 돌아온다는 걸 알게 됐다. 이런 사소한 즐거움이 모여 삶의 기쁨을 만드는 게 아닌지.

지금은 언어나 인터넷에 대한 부분에서 딸의 도움을 받고 있지만, 서서히 딸이 시집갈 날을 대비하고 있다. 영어공부를 하고 나만의 보디랭귀지를 개발하거나 번역 앱을 통해서 외국인들과 좀 더 원활하게 소통하려고 노력하는 중이다. 아들, 딸이 독립하는 날이 걱정되기도 하지만 한편으로는 기대가 된다. 나름대로 세워둔 계획도 있다. 현재 우리 가족이 생활하고 있는 1층도 방을 공유해서 개량 한복을 입고 게스트를 맞을 거다. 영어를 내 맘처럼 말할 수 있으면 김치전 만들기, 떡 만들기 등 쿠킹 클래스도 열어볼 참이다. 오래오래 부산시 대연동 우리 집에서 게스트들과 이야기를 나누고 싶다. 아이들은 독립하고 나서도 언제나 든든한 내 편이 되어줄 테니까. 엄마는 마음껏 꿈을 꿀 수 있다.

숙소 위치에 대한 고민 해결하기

많은 분들이 '우리 집의 위치가 게스트에게 매력적일까?',
'관광지와 떨어져 있는 우리 집을 예약할까?' 등 숙소 위치에 대한 고민을 많이 해요.
하지만 상대적으로 아쉬운 부분들을 채울 수 있는 장점이 있다면 크게 걱정하지 않으셔도 돼요.
게스트마다 각자 여행의 목적이 다르고, 선호하는 위치와 집도 다양하니까요.

**에어비앤비를
시작하면서 위치에
대한 고민은 없었나요?**

부산하면 대부분 해운대, 서면, 남포동 이런 유명 관광지를 선호해서 '외국인이 우리 집에 올까?' 하는 걱정이 있었죠. 처음 에어비앤비를 시작할 때 욕심을 내기보다 게스트와 호스트, 서로가 편하게 즐기면서 하자는 마음이 컸기 때문에 그런 고민들은 접어두고 우선 시작할 수 있었어요.

**숙소 위치 등 집의
단점을 보완하기 위한
방법이 있을까요?**

단점을 상쇄할 수 있는 장점을 만드는 게 하나의 방법이에요. 우리 집은 유명 관광지 근처에 있지는 않지만, 우리 집까지 찾아오는 게스트를 위해 지하철역까지 항상 마중을 나가요. 또, 집 앞에 바닷가가 펼쳐져 있진 않지만, 옛날 서울을 느낄 수 있는 얼기설기 얽혀있는 전깃줄의 이색적인 풍경을 볼 수 있는 곳이기도 하고요.

게스트들이 우리 집에 오고 싶어 할 만한 충분한 이유를 만드는 거예요. 그러려면 우리 집의 장점이 무엇인지, 다른 집에는 없는 우리 집만의 특별한 점은 무엇인지 먼저 찾아보는 게 중요해요.

외국인 게스트가 우리 집에서 처음 접하는 한국 음식 문화

다른 나라에 없는 우리나라만의 재미난 문화는 참 많아요.
'로마에 가서는 로마법을 따르라'는 말처럼 우리 집을 찾은 게스트가 한국 사람들만의
재미있는 문화들을 직접 체험해봤으면 좋겠어요. 처음 맛보는 음식부터 재미있는
호칭까지 당장 시도해볼 수 있는 작은 것들을 가르쳐 줄 뿐이지만요.

계란밥

한국에서는 간단히 끼니를 해결할 때 즐겨 먹는 계란밥! 간장에 반숙으로 만든 계란 프라이를 넣고 참기름에 쓱쓱 비벼 먹는 그 맛을 처음 접해 본 외국인들은 굉장히 맛있다며 놀라워해요.

커피 믹스

게스트에게 아메리카노 대신 커피 믹스를 건네 보세요. 커피 믹스는 외국에는 없는 것 중 하나인 데다 그 달달함이 외국인의 입맛까지 사로잡는답니다.

한국 주도 문화

저는 우리 집에 온 게스트와 한국 술을 함께 마시는 자리를 꼭 마련해요. 그리고 게스트에게 한국의 주도 문화를 알려주죠.
1. 어른에게 술을 따르거나 받을 때는 병이나 잔을 두 손으로 들 것.
2. 술을 마실 때는 어른에게 보이지 않게 한 손으로 잔을 가리고 몸을 살짝 틀 것.
<u>주의할 점! 절대 외국인에게 술을 무리하게 권해서는 안 돼요!</u>

한국 식당에서의 호칭법

외국인 게스트들에게 간단한 한국말을 가르쳐주곤 하는데, 그때마다 이건 꼭 알려줘요. 바로 식당에서 음식을 주문하거나 직원을 부를 때 사용하는 '이모님'이라는 호칭! 모르는 사람을 이모님이라고 부르는 걸 의아해하면서도 일러준 대로 불러 본 게스트는 식당 이모님이 '그런 건 어디에서 배웠냐'고 즐거워하며 서비스도 줬다면서 무척 재미있어 해요.

서울 송파구 김향금 님

"빈방으로
경제적 자립을
했어요."

잠실 옥상정원 셰프
서울 송파구 김향금 님

불의의 사고로 남편과 사별하고 인생이 깜깜해졌다. 그때 에어비앤비를 알게 되었다. 경제적으로 막막할 때였는데, 빈방으로 부족한 부분을 채울 수 있다는 것이 장점으로 다가왔다. 그렇게 에어비앤비를 시작했고, 새로운 인생을 시작하는데 큰 도움이 되었다. 경제적인 자립은 물론, 게스트가 찾아와 쓸쓸하던 집에 온기를 불어넣어 주었다. 그 모든 것이 그야말로 기적이었다. 호스팅 이후 전쟁터 같았던 삶이 신천지로 바뀌었다.

옥상정원을 가꾸면서 어릴 적 꿈도 이뤘다. 한동안 잊고 살았지만 '직접 재배한 농작물로 요리하는 셰프'가 되는 게 꿈이었다. 매일 아침, 꿈은 현실이 된다. 옥상정원에 심어놓은 방울토마토, 풋고추, 상추, 치커리 등을 그때그때 수확해서 게스트를 위한 아침 식사를 만든다. "와우! 김 여사 대단해요. 맛있어요." 칭찬의 말을 듣는 즐거움에 수고스럽지만 직접 먹거리를 키운다.

에어비앤비는 경제적으로 도움을 줄 뿐만 아니라 가족의 역할을 대신하는 게스트와의 만남을 이어주기도 한다. 얼마 전엔 만삭이었던 강아지가 새벽에 진통을 시작하자 당시 묵고 있던 프랑스 젊은이들이 제 일처럼 적극적으로 나서서 도와주었다. 혼자 감당하기 어렵고 외로웠을 그 순간, 게스트가 옆에 있다는 게 큰 힘이 되었다.

이런저런 도움을 받았으니 조금이나마 보답을 하고자 매일 게스트를 위해 재밌는 궁리를 한다. 어떤 한국 음식을 준비할까, 어떤 길로 동네를 산책하러 갈까. 고민하고 시도하는 게 적성에 딱 맞다. 지루한 건 딱 질색이다. 언젠가는 게스트와 함께 국내 여행을 하는 통역 가이드가 될 거란 당찬 포부를 지니고 있다.

사무엘	"향금, 무슨 생각해요?"
향금	"다음에 사무엘이 오면 한국의 어떤 모습을 보여줄까 고민하고 있었지."
사무엘	"역시. 향금은 내가 만난 최고의 호스트예요. 다음에도 꼭 김 여사네서 묵을게요."
향금	"우리 다음엔 어디 갈까? 한국에서 꼭 가보고 싶었던 곳 없었어?"
사무엘	"음… 옛날 사람들이 살았던 한옥을 보고 싶어요."
향금	"좋았어. 다른 게스트들이랑 같이 안동이나 경주 한옥마을에 놀러 가자. 약속!"

나의 새로운 시작을
도와준 두 개의 빈방

요즘 가장 행복한 시간은 우리 집을 찾아올 게스트를 기다릴 때다. 누군가 멀리서 나를 찾아온다는 설렘, 내가 차린 밥을 맛있게 먹어줄 사람이 있다는 성취감을 느낄 때, 배시시 웃음이 번진다. 남편이 갑작스러운 사고로 세상을 떠나고 눈 앞이 깜깜했었다. 남편의 빈자리가 주는 공허함과 외로움은 물론, 당장 먹고사는 문제가 막막했다. 전업주부로 지내다 보니 수입도 없고 사회 활동도 끊긴 지 오래된 터였다. 뒤이어 아이들이 독립하면서 집 안에 나 홀로 덩그러니 남겨지자, 마치 사춘기 시절처럼 방황이 시작됐다.

그때 오랫동안 알고 지냈던 이웃이 나에게 에어비앤비를 소개했다. "호스팅을 시작해 보는 건 어때? 내가 해 봤는데 아주 적은 비용만 투자해도 쉽게 시작할 수 있어. 넉넉하진 않겠지만, 경제적으로 도움이 될 거야." 그렇게 시작한 호스팅은 남편이 떠나고 생긴 경제적인 막막함을 채워 주었다. 빈방 두 개를 게스트에게 내어 주는 지금은 호스팅 수입이 살림에 큰 보탬이 된다.

텅 비어있던 집에 사람의 온기가 가득 찼다. 때로는 자식처럼, 때로는 친구처럼 우리 집에 찾아와 머무는 게스트가 있어서 더는 외롭지 않다. 에어비앤비 덕분에 한동안 지속됐던 심리적 방황에 종지부를 찍게 되었다.

빈자리를 채워주는 새로운 가족들

정말 고마웠던 게스트는 우리 집 강아지의 출산을 도와준 프랑스 젊은이들이다. 만삭이었던 강아지 뽀뽀가 새벽에 갑자기 진통을 시작한 게 아닌가. 어찌나 놀랐던지 우왕좌왕하고 있을 때 마침 우리 집에 묵고 있던 프랑스 젊은이들이 뽀뽀의 분만을 적극적으로 도와주었다. 따뜻한 물을 떠다 주고 뽀뽀가 무서워하지 않도록 옆에서 보살펴 주었다. 또 새끼 강아지가 태어났을 때는 얼마나 기뻐하던지! 정말 한 식구처럼 느껴졌다. 그 친구들이 없었다면 혼자서 감당하기 어려웠을 거다.

나뿐만 아니라 우리 아들에게도 국적과 피부색이 다른 새로운 가족이 생겼다. 가끔 집에 들르는 아들이 거실에서 게스트와 다정하게 이야기를 나누는 장면을 볼 때면 코끝이 찡하다. 특히 나이가 지긋한 신사분이 오시면 아들의 연애 상담도 해 주고 취업 노하우를 알려주기도 한다. 엄마가 채워주지 못한 아빠의 빈자리를 대신해 주시는 고마운 분들이다. 한번은 러시아에서 온 노부부와 아들이 맥주를 주거니 받거니 하다가

친해져서 다음날 같이 치맥을 먹으러 가더라. 에어비앤비를 통해 알게
된 인연은 모두 가족과 다름없다. 비록 게스트와 물리적으로 함께하는
시간은 짧지만, 나누었던 추억은 그 어떤 것보다 소중하고 긴 여운으로
남는다. 오늘은 또 어느 게스트와 새로운 가족이 될지, 어떤 추억을 함께
나누게 될지 기대된다. 우리 가족은 그렇게 매일 새로운 추억을 쌓아가
고 있다.

인생 제2막에 발견한 숨은 재능

지인은 큰 준비 없이 바로 시작해도 된다고 조언했지만 난 우리 집만의 뚜렷한 색을 만들고 싶었다. 다세대주택 꼭대기 층에 있는 우리 집 옥상에 꽃과 나무를 심고 연못을 만들었다. 처음에는 좋아하는 식물을 질서 없이 여기저기 심어 놓았지만 올해는 넝쿨은 넝쿨대로, 꽃은 꽃대로 각자 자라기 좋은 장소에 모아 심었다. 정원 가꾸기도 호스팅과 같아서 정성을 들여 오래 하다 보니 나만의 계획과 질서가 잡혀갔다. 호스팅을 하다보니 어느새 내 머릿속엔 게스트별 맞춤 상차림 메뉴가 생겼다. 게스트를 위한 동네 산책 코스도 개발했다.

우리 집에 머물렀던 미국인 게스트 '조이'도 김 여사의 동네 산책 코스 단골손님 중 한 명이었다. "바람도 선선하니 걷기 딱 좋은 날씬데, 김 여사의 산책 코스 한 바퀴 어때?" 하면 조이는 금세 준비하고 따라나섰다. 석촌호수 길을 따라 롯데월드 근처까지 가는 소박한 코스지만 사이사이 구경거리를 넣어 설명해주니 무척 좋아했다. "와우! 김 여사 대단해요. 정말 재미있어요."

에어비앤비를 통해 게스트를 만나고 안내하면서 내 안에 숨겨진 재능을 발견했다. 이제는 나 혼자서도 바람에 흔들리지 않을 든든한 뿌리가 호스팅을 밑거름 삼아 깊이 뻗어 나가기 시작했다.

즐거운 고민으로 가득한 하루하루

행복한 고민거리가 생겼다. 언젠가 게스트와 함께 국내 여행을 하는 통역 가이드가 되고 싶은데, 그땐 어느 도시에서 어떤 모습을 보여줄까 하는 고민이다. 그 순간만큼은 마음껏 상상의 나래를 펼치며 즐거운 시간을 보낸다.

한번은 싱가포르 친구 '사무엘'과 함께 경복궁에 다녀온 적이 있다. 처마며 서까래며 설명해줬더니 좋아하더라. 다음에 사무엘이 다시 한국을 찾으면 한옥마을이 있는 안동이나 경주에 데려가기로 약속했다. 사실 게스트들이 서울에만 머물다 가는 경우가 많은데 어찌나 안타까운지 모른다. 대도시를 벗어나 한적한 소도시에 가면 한국의 새로운 모습을 볼 수 있을 텐데. 다음엔 게스트와 일정이 맞으면 경주나 전주 등 유서 깊은 도시에 데려가 한국의 전통문화를 소개해 주고 싶다.

시간이 없어 멀리 이동하지 못하는 게스트를 위한 한국 전통문화 체험도 구상해 놓았다. 절구통에 빻아서 인절미 만들어 먹기, 김치 만들기 등 집에서 할 수 있는 체험도 다양하다. 오늘도 난 우리 집을 찾는 외국인 게스트에게 소개해 줄 색다른 경험을 고민하고 있다. 에어비앤비 호스트가 되고 나서 나에겐 많은 변화가 생겼다. 나 자신이 인생의 주체가 되었다. 누군가에게 의지하지 않고 즐겁게 살아가다 보면 스스로에 대한 자신감이 생긴다. 자신감을 갖는데 결코 늦은 나이란 없다.

인테리어로
우리 집만의 특색 살리기

인테리어는 호스트의 취향을 보여줄 수 있는 가장 간편한 방법이에요.
호스트가 좋아하는 것과 취향이 드러나는 인테리어 콘셉트를 잡으면
나와 잘 맞는 게스트가 예약을 할 확률이 높아진답니다.
소품과 가구의 배치, 색깔을 통해 게스트에게 자신의 취향을 알려줘 보세요.

Q

**향금 님 집의 가장 큰
특색은 무엇인가요?**

우리 집의 가장 큰 특색은 옥상정원이에요. 그래서 내부도 정원과 같이 자연을 콘셉트로 꾸몄어요. 천장이나 집안 곳곳에 나뭇가지를 배치해 놓았죠. 나뭇가지만으로도 집의 분위기가 한층 편안하게 바뀌더라고요.

Q

**향금 님의 취향을
보여주기 위한 인테리어
요소는 어떤 게 있나요?**

예전에 제가 손수 만들었던 도자기들을 배치해 두었어요. 전문가처럼 예쁘게 만들지는 못했지만 울퉁불퉁 나름의 매력이 있는 나만의 작품이니까요. 게스트와 다과를 즐길 때도 그 도자기에 담아서 줘요. 그러다보면 자연스럽게 게스트와 나눌 이야기의 소재가 되기도 하죠. 특히 가격보다 가치를 중요하게 여기는 외국인들은 호스트가 직접 만든 세상에 단 하나뿐인 멋진 도자기라며 칭찬도 아끼지 않는답니다.

Q

**인테리어 팁을
주신다면요?**

사실 한국의 가장 대중적인 주거 형태는 아파트잖아요. 아무래도 집의 인테리어를 크게 바꾸는 것은 부담일 거예요. 그럴 땐 색을 사용해 인테리어하는 걸 추천해요. 차분한 톤의 색감과 가구를 활용한다면 집이 좀 더 안정적으로 보이죠. 흥미로운 형태의 소품과 패턴이 있는 밝은 톤의 집이라면, 아이와 함께 여행하는 게스트가 무척 좋아할 거예요. 혹시 여유가 있어 집의 콘셉트를 변경할 수 있는 조건이 갖춰져 있다면, 내가 평소에 잘하고 주변에서 쉽게 접할 수 있는 걸 생각해 보세요. 제가 정원 가꾸기를 좋아하다 보니 자연스럽게 우리 집이 '옥상정원'이 된 것처럼요.

게스트와 함께 즐기는 초 간단 동네 산책 코스

집에서 멀지 않은 곳, 우리에겐 너무 익숙한 곳들이 게스트에게는
색다른 여행 장소가 될 수 있어요. 밥 먹고 걷는 동네 거리, 강아지와 함께 돌던
산책 코스 등 나에게는 일상인 곳들이 누군가에게는 새로움이 되기도 하죠.
내 일상의 장소에 게스트를 초대하는 것부터 시작해 보세요.

**강아지와 함께하는
동네 한 바퀴**

우리 집은 강아지 세 마리를 키우고 있어요. 원래 네 마리였는데, 한 마리는 집 앞에 있는 24시간 동물 병원에 있죠. 동물 병원에 있는 강아지 '뽀뽀'도 우리 가족이니 산책은 집 앞에 있는 동물 병원에서 뽀뽀를 소개하는 것부터 시작해요. 게스트가 강아지를 좋아하지 않을 수도 있으니 미리 동의를 구하는 건 필수죠.

집 앞 석촌호수

집에서 10분 정도만 걸어가면 석촌호수가 있어요. 근처 주민들이 나와 운동을 하거나 풋풋한 커플이 데이트를 하러 찾아오는 곳이기도 하죠. 때때로 게스트와 같이 앞뒤로 손을 부딪치며 지나가는 어머님들을 따라하면 단순한 산책길도 한국 문화 체험 코스가 된답니다.

한강에서 즐기는 피크닉

석촌호수 산책이 끝나는 걸 특히 아쉬워하는 친구가 있다면 슬그머니 한강으로 데리고 가요. 한강을 걷다가 벤치나 잔디밭에 앉아 게스트와 함께 먹는 김밥은 꿀맛이죠.

서울 도봉구 최형식 님

"게스트와의 대화가
몸과 마음의 건강을
찾아주었어요."

도봉구 불사조
서울 도봉구 최형식 님

연애 시절부터 소문난 사랑꾼. 두 아들이 엄마, 아빠의 사랑을 부러워할 정도다. 계절마다 음악 믹스테이프를 만들어 아내에게 선물해 감동을 준다. 친구들 사이에서는 명필로 유명한데 지금도 가끔 아내에게 손편지를 선물하고 있다. 둘이 함께 와인을 담그고, 둘이 함께 치즈를 만들고, 둘이 함께 산책하러 가는 등 한시도 떨어지지 않고 꼭 붙어있는 잉꼬부부다.

천성이 밝고 낙천적이며 사교적이다. 대학생 때는 극단 창단 멤버로 연극 무대에 서기도 했던 인재. 선후배를 잘 챙기고 말재주가 뛰어나 누구나 좋아한다. 한때는 각종 사모임에 나가느라 약속 없는 날이 드물었다. 해외에서 근무할 때도 항상 집에서 파티를 열어 주말에는 늘 사람들로 붐볐다.

몇 년 전, 과로로 쓰러지는 일생일대의 위기가 찾아왔다. 처음에는 혼자 힘으로 서기도 힘들었지만 매일 동네를 이만 보씩 걸어 다니는 악바리 근성으로 다시 일어섰다. 아내의 배려와 에어비앤비 게스트의 도움도 컸다. 병원에서 치료받지 못했던 심리적인 위안이 게스트와 웃고 떠들며 이야기하는 사이 마음속에 찾아왔다. 덕분에 금세 예전의 밝고 낙천적인 모습을 되찾을 수 있었다.

요즘은 아내, 게스트와 함께 아침 식사를 하며 대화를 나눌 때가 가장 즐겁다. 매일 아침, 오랜 외국 생활로 익힌 영어 실력이 아직 죽지 않았다는 걸 확인한다. 가족 모두가 외국인 게스트를 스스럼없이 대하니 마치 오랜 친구처럼 느껴진다. 또 어떤 나라에서 온 게스트가 새로운 친구가 될지 기대된다.

형식	"여보, 굿모닝! 오늘 게스트와 함께 먹을 아침 식사는 토마토구이로 할까?"
만옥	"그래요. 어제 토마토를 사 왔으니 올리브 오일에 구울게요."
형식	"좋아, 당신 요리는 최고야! 그럼 나는 커피를 내릴게요."
만옥	"네, 오늘 날씨가 화창하니 어울리는 음악도 부탁해요. 7시 정도에 맞춰서 게스트도 슬슬 깨우고요."
형식	"응. 밥 먹으면서 어젯밤 동네 산책은 어땠는지 들어보자!"

두 번째 직업이
가져다준 건강과 행복

재능이 많아 친구도 많고 잘 나가던 나의 첫 번째 직업은 해외 건설 전
문가였다. 1980년대부터 1997년까지 20년 가까이 동남아, 브루나이,
싱가포르, 이집트 등 전 세계를 돌며 댐과 발전소를 지었다. 당시 이란
에 세계에서 세 번째로 큰 댐을 만들어 KBS 교양프로그램에 보도되기
도 했다. 해외를 옮겨 다니는 내 직업 덕분에 아내와 두 아들도 오랫동
안 해외 생활을 했다.

시련은 갑자기 찾아왔다. 뇌경색으로 쓰러진 것이다. 모든 일을 접고 가
족들과 함께 귀국했다. 다행히 아내의 도움과 나의 의지로 건강은 어느
정도 회복했지만, 마음은 여전히 위축되어 있었다.

사회적인 활동을 끊고 집에만 있다 보니 자연스럽게 말하는 횟수가 줄
었다. 병으로 생긴 절망감, 그로 인해 오는 우울증 등 육체의 건강보다
심리적인 건강 문제가 더 심각했다. 그때 선택한 두 번째 직업이 에어비
앤비 호스트였다. 집으로 게스트가 찾아오니 대화 할 기회가 많아졌다.
그리고 차차 이야기를 나누기 시작했다. 그들과 사회적인 관계를 쌓다
보니 생기는 위안감과 소속감은 덤이다. 처음 입을 뗄 때 어눌한 영어

발음에 입을 닫을 수도 있었다. 하지만 나를 친구같이, 가족같이 대하는 게스트들을 통해 점점 자신감이 생겼다. 그렇게 사람들과 즐겁게 이야기하고 유머를 던지는 본래 모습을 되찾았다.

의식주를 영위한다고 살아있는 게 아님을, 인간에게 다른 사람과의 관계가 얼마나 중요한지를 몸소 경험했다. 나와 아내는 어렵게 얻은 두 번째 직업을 귀하게 여기며 감사하고 있다.

미네소타에 사는
내 친구, 데이브 부부

우리 집에 온 게스트 중 가장 기억에 남는 사람은 데이브와 클레어다. 그들은 예순이 다 된 노부부였다. 한국에서 치를 지인의 결혼식에 참석하러 미국 미네소타에서 서울까지 날아왔다고 했다.

관광을 목적으로 온 게 아닌 터라 밖에서 보내는 시간보다 집에서 우리와 수다를 떠는 시간이 더 많았다. 오전 7시, 아침 식사를 하며 시작된 이야기는 정오가 될 때까지 끊이질 않았다. 데이브와 나는 야구 경기를 보는 걸 좋아해 메이저리그를 함께 시청했고 클레어와 아내는 근처 마트를 둘러보았다. 우리는 클레어 부부가 평소 미네소타에서 즐겨 먹던 생강 쿠키를 함께 만들어 먹기도 했다. 밀가루를 반죽하고 생강을 손질한 다음, 노릇노릇하게 구워낸 쿠키의 바삭함과 향긋한 생강 향이 아직도 입에 맴도는 듯하다.

미네소타로 돌아간 데이브 부부는 우리를 위해 직접 만든 메이플 시럽을 선물로 보내오기도 했다. 부부의 사진으로 만든 엽서에 '한국에서의 모든 추억을 감사히 여기고 있다.'고 적은 편지와 함께. 이런 예상치도 못한 선물은 호스팅을 하면서 누리는 또 하나의 설렘과 기쁨이다.

지금도 우리는 서로 이메일을 주고받는다. 박병호 선수가 미네소타 팀으로 이적하기에 데이브에게 메일을 보냈다. "우리나라 홈런왕이 미네소타로 갔으니 잘 지켜보슈." 그랬더니 데이브는 박병호 기사가 난 미네소타 지역 신문을 찍어서 보냈다. "어디 한번 얼마나 잘하나 봅시다!" 언젠가 친구네 집 부엌을 차지하고 넷이 둘러앉아 정오까지 수다를 떨기 위해 미네소타를 찾을 것이다.

우리 집에서 즐기는 살아보는 여행

우리 집을 방문하는 게스트는 대체로 진짜 서울 사람들의 삶을 좀 더 가까이에서 들여다보려는 사람들이다. 처음에는 학교나 가족 때문에 이 동네에 찾아왔지만, 곧 우리 동네의 매력에 푹 빠지고 만다.

"우리 동네를 찾아오는 사람들의 여행 방식은 우리가 예전부터 해오던 것과 똑 닮았어. 조용한 지역에 오랫동안 머물면서 현지인의 식습관이나 문화를 살펴보는 거."
"맞아요, 여보. 미국 여행을 간다면 작은 시골 마을에 가서 그 동네에 동화되어 보는 게 진짜 여행이죠! 우리 동네는 서울 사람들의 일상을 체험하고 갈 수 있는 곳 같아요."

실제로 외국인들은 집 앞 맛집인 갈비탕집이나 '사장님이 미쳤어요.' 간판을 단 상점에서 싼 가격에 양말 사는 걸 흥미로워한다. 서울 사람들의 진짜 삶을 들여다보는 재미가 있다며 말이다. 때때로 게스트와 함께 집 앞을 산책하며 동네 이곳저곳을 소개하거나, 집 앞 맛집에 대해 요모조모 이야기하면 서로 시간 가는 줄도 몰라 한다. 나의 두 번째 직업은 지역 사회의 경제에도 좋은 영향을 끼치고 있다. 전통적인 관광지가 아닌 곳으로 서울 관광의 지형을 넓히고 있으니 말이다.

게스트를 위한
아침 식사 준비하기

게스트에게 아침밥을 제공할지의 여부는 호스트가 결정할 수 있어요.
우리 집을 찾은 게스트를 위해 시리얼과 토스트 등 간단한 아침 식사거리를
준비해 놓아도 좋고, 아무것도 제공하지 않아도 괜찮아요.
에어비앤비는 모든 것을 전적으로 호스트의 선택에 맡기기 때문이죠.

Q

에어비앤비 후기를
보면 '아침밥이 너무
맛있었다. 계속 생각난다.'
는 후기들이 많은데요.
게스트들이 만옥 님의
아침밥을 유독 좋아하는
이유가 뭘까요?

맛도 맛이지만 전 게스트에게 금방 만든 따뜻한 식사를 내어
줘요. 대단하게 차려 놓은 음식은 아니지만 따뜻한 식사를 주
면 대접받는 기분이 든다며 너무 좋아하더라고요. 우리 집 아
침 식사 시간은 오전 7시에서 7시 30분 사이라 게스트에게 미
리 공지한 후, 시간에 맞춰 일어나는 게스트를 위해서는 아침
식사를 차리고, 못 일어나는 게스트에게는 제공하지 않아요.

Q

외국인 게스트가
좋아하는 아침 식사
메뉴가 따로 있나요?

사람마다 입맛이 다르기 때문에 하나를 꼬집어 말할 순 없지
만 아침에는 식사를 거하게 대접하는 것보다 부담스럽지 않
게 먹을 수 있는 간단한 음식을 준비하는 게 좋아요. 그래서
저는 게스트에게 한식을 대접할 때 게스트의 의사를 물어 저
녁 식사로 준비해요.

Q

빠르고 간편하게
만들 수 있는 만옥 님만의
아침 식사 레시피를
소개해 주세요.

아침 식사 요리는 주로 제철 재료들을 사용해요.

제철 채소 구이
여름에는 가지, 호박, 양파 같은 제철 채소들을 손질하여 프라이팬에 구운 후, 잘 구워진 채소들 위에 굴 소스를 살짝 뿌려주면 끝. 아주 간단하죠?

채 썬 감자 구이
튀기는 게 아니고 굽는 거예요. 깨끗하게 손질한 감자를 채 썬 다음에 기름을 두르지 않은 팬에 바삭하게 구워주세요. 구운 감자는 깔끔하고 속도 부담스럽지 않아 아침 식사로 딱이죠.

소시지나 고기
여기에 각 게스트의 식성에 맞는 고기를 준비해 접시에 같이 올려요. 종교나 알레르기 여부에 따라서 각자 못 먹는 음식이 있을 수 있으니 미리 체크하는 게 중요해요.

'한국에 온 게스트니 꼭 한식을 대접해야하지 않을까?' 하는 고민은 하지 않으셔도 돼요. 그저 우리 가족이 먹는 스타일 그대로 놓아두면 돼요. 간단한 토스트도 좋고, 샐러드나 과일을 대접해도 그들은 방긋 웃으면서 맛있게 먹는답니다.

**게스트와 아침밥을 함께
먹게 된 계기가 있나요?**

사실 게스트에게 아침밥을 꼭 제공하지 않아도 돼요. 저는 처음 에어비앤비 호스트를 시작할 때 우리 집의 위치가 여행객들에게는 그리 매력적이지 않다고 생각했어요. 그래서 그것을 뛰어넘는 우리 집만의 장점을 만들고 싶었죠. 그때 남편이 "당신이 만든 음식은 정말 맛있으니까 우리 집은 맛있는 아침 식사를 콘셉트로 하자!"라고 제안했어요. 저도 요리하는 걸 좋아하고 이전에 한국관광공사에 신청해 외국인들과 한국의 음식을 함께 만들어 먹는 '집밥' 프로그램에 참여한 경험도 있으니 금상첨화 아니겠어요?

한국 사람처럼
하루를 살아보는 동네 여행

"그냥 집 앞을 돌아다녀 봐요." 저에게 추천 여행지를 물어보는 게스트들에게
유일하게 건네는 답이에요. 우리 동네가 진짜 서울의 모습이고, 동네 상점에는 현지인의
삶이 고스란히 담겨있기 때문이죠. 게스트가 진짜 여행을 경험하길 원한다면
긴말이 필요 없어요. 딱 한 마디면 돼요. "그냥 집 앞을 돌아다녀 봐요."

마트

너무 흔해서 마트는 절대 여행지가 될 수 없다고 생각한다면 큰 오산이에요. 많은 숙박 유형 중에 민박을 선택한 사람들은 대부분 한국 현지인의 삶을 들여다보고 경험하고 싶어하죠. 마트는 우리의 삶을 가감 없이 보여주기 때문에 외국인들이 가장 좋아하는 장소 중 하나예요.

동네 상점

마트를 둘러봤다면 동네의 작은 상점도 들러보라고 귀띔해 줘요. 동네의 작은 상점들은 저마다 뚜렷한 개성을 담고 있어요. 동네 옷가게, 동네 신발가게 등을 둘러보면 한국 사람들의 일상생활은 어떤지 한눈에 볼 수도 있고요.

나의 단골집

우리 집은 근처에 창동역이 있어서 조금만 걸어 나가면 먹을 곳도 아주 많아요. 게스트가 맛집을 물어 오면 여행 책자에 소개된 맛집보다 제가 평소 즐겨 찾는 음식점 몇 군데를 소개해 줘요. 대단한 곳은 없어요. 좋아하는 음식의 종류를 물어보고 걸어서 쉽게 찾아갈 수 있는 갈비탕집, 초밥집 등을 알려주죠.

서울 송파구 정신옥 님

"에어비앤비는
나의 도전 정신을
불러일으켜요."

잠실 토박이 도전왕 루시
서울 송파구 정신옥 님

잠실에서 30년간 살아온 잠실 토박이. 동네가 어떻게 변해왔는지 누구보다 잘 알고 있다. 우리네 어머니 세대가 으레 그렇듯 억척스러운 엄마로 살아왔지만 본래 유쾌하고 호방한 성격이다. 상대에게 늘 웃으면서 말을 건네는 웃음 전도사다. 같이 대화하는 사람도 그녀의 기분 좋은 웃음소리와 칭찬 때문에 자꾸만 미소가 번진다.

남편의 은퇴와 자식들의 출가 이후 멋지게 살기로 했다. 예순이 넘어 영어공부를 시작하면서 스스로 지은 영어 이름은 '루시'. 심심해서 시작한 영어공부의 끝엔 에어비앤비 호스트가 기다리고 있었다. 외국인과 실전 영어회화를 할 수 있다는 막내딸의 권유로 시작했지만, 지금은 '취미가 직업이 되었다'며 동네방네 자랑하고 다닌다.

다양한 나라에서 온 게스트를 만나다 보니 자연스레 여행에 대한 관심도 높아지고 호기심도 커졌다. 자식들이 동남아, 중국 여행을 보내줬는데 참 좋았다. 올해는 남편이랑 북유럽에 갈 예정. 최종적으로는 영어공부를 좀 더 열심히 해서 혼자 세계 여행을 떠나는 게 목표다. 하루라도 젊을 때 스페인 순례길을 걸어서 완주하는 꿈을 꾼다.

신옥	"I'm Lucy. I··· have lived in Jamsil for 30 years. Umm··· Um···"
막내딸	"엄마, 요즘도 동사무소에서 영어 배워요?"
신옥	"응, 얼마나 재밌다고. 좀 더 배우면 외국인이랑 대화할 수 있을까?"
막내딸	"에이. 그렇게 배워서 언제 얘기해 보겠어요? 내 방도 비어 있는데 이참에 외국인 여행객에게 방을 빌려주는 건 어때요?"

내 인생 가장 성공적인 도전, 호스팅!

남편의 은퇴와 두 딸의 결혼, 그리고 막내딸의 유학으로 여유가 생긴 나는 취미로 동사무소에서 영어회화를 배우고 있었다. 하지만 좀처럼 외국인과 대화할 기회가 없었다. 어느 날 잠시 한국에 들어온 막내딸이 건넨 한 마디가 나의 도전 정신을 일깨웠다. "엄마, 외국어는 생활 속에서 많이 말하고 계속 접해야지 빨리 느는 법이에요. 빈방으로 외국인 친구들을 불러 함께 생활해봐요." 무뚝뚝한 막내딸은 에어비앤비 사이트 주소를 남기곤 상하이로 떠났다. 그렇게 호스트로서의 삶에 도전하게 됐다.

당시 내 컴퓨터 실력은 형편없었다. 상하이에 있는 딸에게 이메일도 보내지 못 하는 상황이었다. 방앗간 참새처럼 드나들었던 동사무소 문화센터에서 기본적인 컴퓨터 사용법을 익혔다. 그리고 근처 PC방에 가서 막내딸이 알려준 에어비앤비 주소를 인터넷 창에 띄웠다. "뭐가 이렇게 복잡해! 하나도 모르겠네." 아르바이트하던 청년에게 하나씩 하나씩 물어가며 계정을 개설하고 사진도 찍어 올리고 집 소개도 적어 넣었다. 며칠간 PC방에서 컴퓨터와 씨름을 한 결과, 호스팅 페이지를 완성할 수 있었다. 드디어 영어수업 시간에 지은 이름을 써먹을 때가 왔다는 기쁨에 미소가 절로 났다. "Welcome to the Lucy's House!"

아직도 기억에 생생한 '안나'와의 필담

힘들게 계정을 만들었지만 당장 우리 집을 찾는 게스트가 없었다. 한 달이 지나고 두 달이 지나도 감감무소식이라 잊고 있었는데 3개월쯤 지났을 무렵, 숙박을 원한다는 메시지가 날아왔다. "우리 집에 게스트가 온다고?!" 믿을 수가 없었다.

처음으로 방문한 게스트는 독일에서 온 '안나'였다. 예정된 날짜에 버스 정류장에서 나를 기다리고 있던 안나에게 환하게 웃으며 첫인사를 건넸다. "Hello!" 얼마나 떨리던지 그 순간이 아직도 기억에 선하다.

안나는 일본학을 공부한 박사로 한국과 일본의 역사에 대해 나보다 많이 알고 있는 똑똑한 친구였다. 대학 시절 일본에 대해 공부하면서 한국에 잠시 들르게 되었는데 한국의 문화와 역사, 한국인의 인간미에 홀딱 빠져 그 이후로 계속 한국을 찾고 있다고 했다. 그래서인지 궁금한 게 아주 많았다. "한국 사람들은 일본에 대해서 어떻게 생각해요?" "명절엔 어떤 음식을 먹어요?" 쏟아지는 질문에 우리는 거실에 자리를 잡고 앉아 필담을 나누었다. 나는 한영사전을, 안나는 영한사전을 펼쳐놓고 한참을 묻고 답했다. 얼마나 오랜 시간 필담을 나눴던지 안나의 글자체가 아직도 선명하게 기억난다. 우리는 서로 소통하려는 의지만 있다면 언어의 불편함은 얼마든지 뛰어넘을 수 있다는 소중한 교훈을 얻었다. 안나는 독일 집으로 돌아가선 고맙다는 답례로 머플러를 보내왔다.

서울 송파구 정신옥 님

나는 전 세계 게스트의 '한국 엄마'

신기하게도 우리 집을 찾는 게스트들이 하나둘씩 늘어났다. 하나같이 우리 딸 같은 게스트들이 방문했고 나는 점점 게스트들의 엄마가 되어 갔다. 자식들에게 하듯이 따뜻한 아침 식사를 해 먹이고 하나라도 더 챙겨주고 싶은 게 한국 엄마의 마음이지! 우리 집에 제일 오래 있었던 여자아이는 한국어를 공부하러 와서 오랜 기간 머물렀다. 남편도, 나도 그 애를 딸같이 대했다. 같이 한강에 나가 산책을 하기도 했고 남이섬에 여행도 다녀왔다.

여러 번 우리 집과 서울을 다시 찾는 게스트도 있다. 한 독일 총각은 우리 동네에 사는 한국 아가씨네 집에 결혼 허락을 받으려고 몇 번이나 서울을 찾아와 우리 집에 묵었다. 예쁜 커플은 결국 결혼에 골인했고 결혼식 때도 독일에서 사촌을 데려와 우리 집에서 함께 지냈다. 결혼 후에 독일로 이주했는데 둘이 함께 친정을 방문했을 때 우연히 시장에서 만나 무척 반가웠다. "아기 낳으면 내가 봐줄게." 둘이 행복하게 사는 모습을 가끔 SNS에서 보곤 한다. 마치 장가보낸 아들을 보는 것처럼 뿌듯하다.

나의 새로운 도전, 세계 여행

첫 게스트인 안나를 만나고 벌써 9년이 흘렀다. 우리 집 거실엔 9년간의 호스팅 추억을 담은 소중한 보물이 하나 있다. 바로, 그동안 우리 집을 방문했던 게스트의 주소와 연락처를 친필로 받아둔 가죽 수첩이다. 칠레, 아르헨티나, 스리랑카, 영국 등 다양한 나라에서 온 사람들의 글씨가 적혀있다.

많은 게스트들이 돌아가는 길에 아쉬움을 보이며 자신의 집에 꼭 놀러오라고 초대했다. 그들의 초대는 나에게 또 다른 도전을 부추겼다. 바로, 나 홀로 하는 세계 여행이다. 일찍 시집와서 시어머니를 모시고 남편과 자식 뒷바라지하느라 접어 두었던 처녀 시절의 꿈이기도 하다. 내 힘으로 시작한 작은 사업이 나의 꿈을 뒷받침하고 있으니 얼마나 든든한가! 세계 여행 준비를 위해 요즘 유튜브를 보면서 영어회화 연습을 더욱 가열차게 하고 있다. 자유롭게 세상을 돌아다닐 생각에 가슴이 벅차오른다. 그곳에서 우리 집에 다녀간 아들, 딸 같은 게스트들과 반갑게 재회하리라. 얘들아, 기다려라! 엄마가 간다!

외국인 게스트와
소통하기

호스팅을 시작하기 전에 외국어를 할 줄 몰라 망설이는 분들이 많아요.
언어는 의사소통의 편리함을 위함이지 필수 요건이 아니에요.
게스트와 호스트 서로가 마음을 열면 언어의 다름은 아무런 장벽이 되지 않으니까요.

**에어비앤비 호스팅을
하면서 언어 소통이 잘
안 될 때는 어떻게
하셨어요?**

영어를 못해서 호스팅을 시작하는 걸 두려워하는 사람들이 제 주변에도 꽤 있어요. 사실 영어를 못해도 전혀 문제가 되지 않아요. 말은 통하지 않아도 사람의 진심은 통하는 법이거든요. 호스팅 초반, 영어를 거의 못했을 때도 외국인 게스트들이 저에게 이것저것 물어볼 때면 사전을 가져다 놓고 찾아가면서 열심히 대답했어요. 요즘에는 번역기 앱도 많아서 예전보다 외국인과 소통하기가 더욱 쉬워졌죠.

**신옥 님의
영어공부 방법은?**

호스팅을 시작하기 전에 문화센터에서 영어, 인터넷, 팝송 부르기 등 많은 걸 배웠어요. 그런데 막상 호스팅을 시작하고 나니 문화센터에서 배운 영어를 활용하기가 쉽지 않더라고요. 외국인과의 대화는 실전이잖아요? 그래서 집에서 다양한 방법으로 영어공부를 다시 시작했어요. 한 가지 방법으로 공부하기보다 책으로 공부하다가 싫증이 나면 동영상 강의를 찾아보고, 또 팝송을 들었다가, 그렇게 번갈아가면서 꾸준히 했어요. 그랬더니 차츰 영어가 들리기 시작했고 말도 조금씩 하게 되었죠. 이제 외국인과 일상적인 대화는 할 수 있어요. 그런데 아직 영어 발음이 조금 부족해서 지금은 발음 공부를 열심히 하고 있는 중이에요.

**호스팅이 영어공부에
얼마나 도움이 되나요?**

사실 호스팅을 시작한다고 해서 영어가 금방 늘지는 않아요. 일상적인 대화를 주로 하기 때문에 늘어나는 영어 표현의 범위에도 한계가 있고요. 그렇지만 공부를 할 때 가장 중요한 건 계기라고 생각해요. '만일 내가 호스팅을 하지 않았다면 꾸준히 영어공부를 할 수 있었을까?' 그런 생각도 해요. 그리고 외국인과 함께 생활하면서 그들에 대한 거부감이나 불편함이 사라지니 머릿속에 맴돌기만 하던 영어를 내뱉는 게 훨씬 수월해졌고요. 언어에 대한 스킬은 공부하면 할수록 느는 거지만 그걸 연습하고 사용할 일은 사실 많지 않잖아요?

**처음 호스팅을 시작할 때
알아두면 좋을 영어 표현
몇 가지만 소개해 주세요.**

게스트가 우리 집으로 오게 하기 위해서는 예약 요청에 친절하게 대답해 주는 게 먼저예요. 그래서 저도 호스팅을 위한 영어공부는 그와 관련된 문장부터 시작했답니다.
외국인 게스트의 예약 문의나 예약 요청을 수락으로 이어지게 하는 데 필요한 영어 문장 몇 가지를 소개할게요.

인사하기
예약 문의 주셔서 감사해요.
Thanks for your booking inquiry.
집은 문의하신 날짜에 예약 가능합니다.
The house is available during the period you are interested in.

대중교통에 대한 답변

리스팅에서 ~분 떨어진 곳에 (지하철역 / 버스 정류장)이 있습니다.

There is (subway station / bus stop) ~ minutes away from my listing.

게스트가 보낸 정보 확인

_부터 _까지, 총 _박 동안 _명이 머무르시는 것 맞죠?

You have submitted a reservation request for __ people from __ to __ for __ nights. Is that correct?

맞는지 확인 한번 해주시면 예약 수락하겠습니다.

I will accept the reservation once I get a confirmation from you that this information is correct!

게스트에게 추가 질문

어떤 일로 서울을 방문하시나요?

What is the occation for your trip to Seoul?

누구와 함께 여행하시나요?

Who are you traveling with?

마무리 인사

곧 만날 수 있길 바라요!

Hope to see you soon!

그 외 간단한 영어 표현들은 에어비앤비 코리아 블로그(http://blog.naver.com/airbnbkr)를 통해 도움 받으실 수 있어요.

게스트와 함께하는
일상 체험

바깥에서 한국을 즐기고 경험하는 방법은 많아요. 조금만 찾아봐도 한국 여행지에 대한 많은 정보를 얻을 수 있죠. 하지만 우리 집에 머무는 게스트들은 우리 집 안에서 현지인의 일상을 살아보는 새로운 여행을 즐겼으면 해요. 이전 여행객들의 전철을 밟는 식상한 여행이 아닌 우리 집에서 자신만의 새로운 여행 경험을 하고 돌아갔으면 좋겠어요.

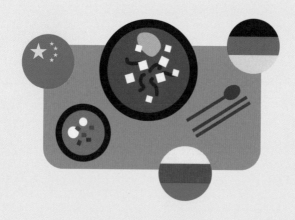

**다국적
친구들과의 만남**

에어비앤비의 가장 큰 매력은 한 집에 다양한 나라의 사람들이 한데 모여 지낸다는 거예요. 거실에 모여 앉아 자기 자신과 자기가 살고 있는 나라, 문화 등에 대해 서로 이야기 나누는 모습을 보면 집에서 하는 세계 여행이라는 게 이런 건가 싶어요. 그럼 내가 할 일은? 간단해요. 그들이 교류하면서 즐길 수 있도록 맛있는 음식을 내어주면 OK!

**게스트와 만들어
먹는 한국 음식**

메뉴 정하기
게스트가 평소 먹어보고 싶어했던 한국 음식에 대해 묻고 어떤 재료를 준비할 지 서로 의논하는 시간!
참고로 가장 인기 있는 메뉴는 외국인들에게 잘 알려진 불고기, 잡채부터 밥반찬으로 제격인 멸치볶음까지 무척 다양해요.

시장에서 장보기
동네에 있는 새마을 전통시장에서는 다양하고 싱싱한 식재료를 구할 수 있어요. 게다가 한국의 시장 풍경이 게스트에게는 이색적인 구경거리가 되기도 하죠.

함께 요리하기
장 봐온 재료를 같이 손질하고 함께 음식을 만들어요. 게스트가 좋아하는 한식을 직접 만들어 보고, 맛있게 먹을 수도 있으니 그야말로 일석이조! 게스트와 호스트의 사이가 더욱 돈독해지는 건 덤이랍니다.

영월 엄둔마을 김진희 님

"아들과 공동 호스팅을 하면서 관계가 더욱 돈독해졌어요."

엄둔마을 산골소녀
영월 엄둔마을 김진희 님

딸 하나, 아들 하나를 두고 행복하게 살았다. 자식들이 자립할 때가 되
자 '남편이 은퇴하면 여행이나 다니며 편안하게 살겠지.' 기대했는데 이
게 웬 날벼락. 어느 날 남편이 시골로 이사를 가자고 했다. 영화배우 존
웨인이 흔들의자에 앉아 있던 미국 서부의 사막지대같이 외딴 데서 살
고 싶다나 뭐라나. 그래서 자리 잡은 곳이 강원도 영월 시내에서도 차로
한참을 달려야 닿는 깡 시골 엄둔마을이다. 처음에는 손이 많이 가는 시
골 살림에 불만이 많았지만 살아보니 계절마다 바뀌는 풍경에, 새소리
에 마음을 빼앗겨 버렸다. 어느새 야생화 구경하는 취미가 생겼다.

사람이 귀한 산골에 살기 전부터도 정이 많고 마음이 곱다는 소리를 들
었다. 사소한 인연도 절대 그냥 지나치지 않는다. 엄둔마을을 방문한 게
스트와 금세 이모와 조카 사이가 되곤 한다. 전국에 동생, 조카, 딸이 얼
마나 많은지. 특히 창원에 사는 조카와 병간호까지 해 준 서울 딸내미에
게는 철마다 이모처럼, 엄마처럼 된장, 고추장을 담구어 보낸다. 그러면
도시에선 잘 먹겠다는 편지와 함께 산골에서 구하기 힘든 건어물, 수입
과일 등을 부쳐온다.

자식 복은 타고났는지 엄둔마을로 이사 오면서 아들, 딸과도 더욱 사이가 돈독해졌다. 엄마의 다정한 마음을 그대로 물려받은 아들, 딸은 부모님이 에어비앤비를 운영하시는 걸 적극적으로 돕는다. 인터넷 사용이 미숙한 부모님을 대신해 아들이 에어비앤비 메신저로 오는 예약을 받고 결제를 돕는다. 이젠 서로의 일정을 누구보다 잘 안다. 강원도 영월과 서울의 먼 거리가 에어비앤비로 인해 좁혀졌다. 이제는 제법 어머니, 아버지의 든든한 조력자가 되어 제 몫을 하는 자식들을 보며 뿌듯함을 느낀다.

선우	"아들이 왜 전화 안 받냐고 묻던데? 게스트 방문 일정 때문에 전화했대."
진희	"안 그래도 방금 통화했어요. 꽃밭에 물 주느라 못 받았는데 그새 당신한테 전화했나 보네?"
선우	"허허. 우리 아들이 회사 일도 하고 에어비앤비 호스팅도 돕느라 고생이 많네."
진희	"그렇지만 아들한테 매일 전화 오는 게 좋지요? 같이 도시에 살 때보다 자주 연락하는 것 같아요."
선우	"딸내미한테도 전화 한번 해봐. 아침에 영월에서 출발했으니 지금쯤 집에 도착할 때가 됐네."
진희	"안 그래도 지금 막 하려던 참이었어요~"

도시만큼 매력적인 산속의 일상

여기는 강원도 영월, 엄둔마을. 큰길에서 옥빛으로 빛나는 계곡을 따라 5.3km 안쪽으로 들어오면 우리 마을이 나타난다. 강원도에서도 물 맑고 깨끗하기로 유명한 청정 지역이다. 남편은 신혼 때부터 "여보, 우리 나이 들면 영화배우 존웨인이 흔들의자에 앉아 있던 미서부 사막지대같이 외딴곳에 가서 여유롭게 살자."고 말하고는 했다. 그리곤 은퇴 후 정말로 강원도 깊은 산속으로 이사를 왔다.

엄둔마을에서는 도시에선 상상도 못 할 환상적인 일들이 일어난다. 두릅, 달래, 산딸기, 더덕, 고사리 같은 먹거리가 철에 맞춰 부지런하게 돋아난다. 슬렁슬렁 걸으며 거둬들여도 우리 두 식구가 먹기에 충분한 양이다. 지인들이 안부를 물으며 "텃밭은 어느 정도 규모로 가꾸냐."고 물어 오면 농담 삼아 '산 전체가 모조리 우리의 텃밭'이라고 으스댄다. 처음에는 말벗 없는 외로움에 도시를 그리워했지만, 지금은 사시사철 부지런히 옷을 갈아입는 산속 풍경에 심심할 틈이 없다. 지붕을 두드리는 빗소리를 들으며 조용히 명상을 즐기는 시간도 많아졌다. 부산스러운 도시와 떨어져 살다 보니 자연스럽게 마음의 여유도 생겼다. 이런 게 산에 사는 맛이다.

아들과의 호스팅 덕분에
가까워진 마음의 거리

"어머니, 에어비앤비라는 숙박공유 사이트가 있는데 이용해보는 건 어떠세요? 그냥 펜션 말고요." 바깥채를 짓고 어떤 식으로 운영할지 고민에 빠졌을 때 아들 내외가 제안했다. "아니야, 나랑 네 아빠는 요즘 젊은 애들처럼 인터넷을 능숙하게 못 해. 눈도 침침하고." 새로운 문물을 익히고 배울 생각에 고개를 절레절레 저었더니 아들은 흔쾌히 도움의 손길을 내밀었다. "그럼 저랑 제 아내가 도와드릴게요." 그 후로 아들과 함께하는 호스팅이 시작되었다. 서울에 사는 아들이 에어비앤비를 통해서 예약을 받고 우리 내외가 엄둔마을 입구에서 게스트를 맞는다. 에어비앤비는 온라인 메신저로 게스트와 이야기를 나누는 시스템이라 멀리 떨어져 사는 자녀들의 도움도 손쉽게 받을 수 있다.

아들도 가정을 꾸리고 살다 보니 서울에서 162km나 떨어져 있는 엄둔마을까지 찾아오기란 쉽지 않았다. 게다가 처음 이사 왔을 땐 지금보다 상황이 열악했다. 비포장 산길에 차가 들어오기도 어려웠고, 눈이라도 오는 날이면 꼼짝없이 발이 묶이곤 했다. 자녀들과 멀어진 물리적 거리만큼 마음의 거리도 생겨났다. 그런데 호스팅을 시작하고 아들이 예약을 도와주다 보니 이제는 하루에도 몇 번씩 전화를 주고받는다.

"어머니, 게스트한테 집을 예약하고 싶다는 연락이 왔는데, 다음 주 토요일 시간 어떠세요?" 일정을 잡는 연락부터, "이번 게스트는 어떠셨어요? 후기 보니까 같이 숯불에 고기를 구워 햄버거도 만들어 먹었다면서요. 우리 어머니 즐거우셨겠네~" 게스트와의 추억 이야기까지. 수시로 안부를 주고받는 셈이다. 오히려 같은 도시에 살았을 때보다 서로를 더 깊이 이해하며 사이가 돈독해졌다.

딸도 외국인 게스트가 오는 날에는 종종 들러 우리를 돕곤 한다. 먼 거리에서도 한달음에 달려와 도와주는 딸이, 시간을 쪼개어 호스팅 예약을 도와주는 아들이 언제나 든든한 나의 지원군이다. 덕분에 마음속 고립감이 말끔히 날아갔다.

호스팅이 맺어준 새로운 가족

이웃에서 하는 대로 펜션으로 운영했다면 만나지 못했을 귀한 인연도 많다. 식사할 때 밑반찬을 조금 덜어 나누다 보면 식사를 함께하게 되고 자연스럽게 언니, 동생이 되거나, 이모, 조카를 삼는다. 가족이 된다. 전국에 동생, 조카, 아들, 딸들이 얼마나 많은지 모른다.

그중에서도 창원에 사는 조카와 인연이 깊다. 처음에는 친정어머니와 함께 우리 집에 머물렀는데 나중에 어머니가 돌아가시자 추억을 들춰보러 혼자 찾아왔다. 그러다 자연스럽게 이모, 조카가 되어 연락을 주고받았다. 내가 된장, 고추장을 담구어 보내면 조카는 창원에서 건어물이나 멜론 등 산속에서 구하기 힘든 물건을 부치곤 한다. 그렇게 지낸 지가 벌써 10년. 창원 조카는 우리가 나이 들면 자기가 모시고 살겠다고 한다. 서로 마음이 애틋하다.

또 서울에 사는 수양딸, 민정이는 얼마 전 내가 서울에 있는 병원에서 수술했을 때 찾아와 이틀이나 딸처럼 돌보아 주었다. 사정이 생겨 어쩔 수 없이 병원에 나를 혼자 두고 자리를 비우는 남편 손에 저녁에 먹을 삼계탕을 쥐여 보내는 걸 보고 마음이 따뜻해졌다. 매 명절 시댁에 갔다가 돌아가는 길에 꼭 엄둔마을에 들러 인사를 하고 간다. 민정이가 오면 이제 바깥채가 아니라 안채를 내준다. 진짜 가족이나 다름없다. 그러니 호스팅을 위해 바깥채를 치우고 이불보를 가는 일은 단순히 업이 아니라 좋은 사람을 맞이하기 위해 준비하는 시간이라는 생각이 든다.

한국의 시골 생활을 엿보는 여행

에어비앤비 호스트가 되고 나서 가장 흥미로운 사건은 세계 각지에서 외국인들이 강원도 첩첩산중 엄둔마을로 찾아온다는 것이다. 맨 처음 우리 집을 찾은 외국인은 오산 미군 공군기지에서 근무하는 파일럿 가족이었다. "여기가 경기도 오산보다 물도 좋고 경치도 좋아요!"라고 말하며 들떠 있는 외국인들이 우리도 신기했다. 식사로 내어 준 된장찌개도 입맛에 딱 맞는다며 몇 번이나 가져다 먹고, 근처에 있는 사찰인 법흥사에 데려갔더니 다들 아이처럼 좋아했다.

한번은 싱가포르에 사는 부부가 아이들을 데리고 눈 구경을 하러 왔다. 그들은 마당에 눈이 소복이 쌓인 풍경에서 눈을 떼지 못했다. 생전 처음으로 커다란 눈사람도 만들었다. 적도에 사는 아이들에겐 평생 잊지 못할 추억이었을 거다. 드라마에서나 보던 함박눈을 실제로 맞아보았으니 말이다.

우리 집을 찾는 외국인들을 만나고 나니 작은 시골 마을인 우리 동네가 얼마나 아름다운 곳인지 새삼 깨닫는다. 봄엔 산중에 깽깽이풀 같은 야생화가 고개를 내밀고 여름엔 얼음처럼 차가운 계곡 물이 옥빛을 내며 흘러 내린다. 가을엔 다른 지역보다 이른 단풍이 산을 서서히 물들이고 겨울엔 하얀 함박눈이 펄펄 내리는 곳. 엄둔마을에는 도시에서 느낄 수 없는 한반도 태생 그대로의 매력이 남아있다. 거대한 관광시설은 없지만, 이곳에서 진정한 한국의 미를 느낄 수 있지 않을까?

얼마 전엔 2년 뒤 개최 예정인 평창올림픽 기간에 방을 예약하겠다는 게스트가 벌써 연락을 해 왔다. 2018년에 다시 꼭 연락해달라고 정중하게 부탁을 하면서 덧붙였다. "엄둔마을에서 평창까지 1시간 정도 강을 따라가는 드라이브 코스가 정말 아름답습니다. 아직 사람 손이 덜 탄, 진짜 강원도의 모습이 남아있는 곳이죠." 내년, 내후년엔 바깥채가 외국인 게스트로 더욱 북적거릴 거란 예감이 들었다.

가족과 함께하는
호스팅으로 서로 힘이 되기

호스팅은 친구 또는 가족과 함께할 수 있어요. 필요한 일들을
함께 나누어서 하면 더욱 수월하게 호스팅을 할 수 있을 뿐만 아니라 친구나 가족간의
사이도 더욱 돈독해지죠. 함께 같은 추억을 공유하고 이야기하면서 말이에요.

아들인 기영 님이 부모님께 에어비앤비를 권해 드린 계기는 무엇인가요?

다양한 이유가 있어요. 바깥채를 하나 지으셨는데 에어비앤비를 통해 새로운 사람을 만나고 네트워크를 늘리시면 어떨까 하는 생각이 들었어요. 그리고 아버지가 사회생활을 하실 때 일본어와 영어를 조금 구사하셨는데 그런 능력을 활용하는 좋은 기회가 될 거 같기도 했고요. 또, 저의 외국인 친구들이 한 번씩 한국으로 놀러 오면 도시의 모습을 보여주는 것도 좋지만, 한국의 시골 모습을 보여주고 싶어 부모님 댁으로 데려가기도 했었죠. 이런 이유들로 부모님에게 에어비앤비를 소개해 드리게 되었어요.

부모님과 함께하는 호스팅의 장단점은 무엇인가요?

장점은 아무래도 연락을 자주 하게 되면서 이전에는 하지 않았던 이야기들을 많이 나눈다는 거에요. 그래서 그런지 이전보다 훨씬 가까워진 느낌이 들거든요. 단점은 없는 거 같은데요. 굳이 찾아보자면, 부모님은 IT 사용이 익숙하지 않으셔서 결제 도구를 잘 다루지 못하세요. 그래서 그런 업무들을 제가 대신 봐야 하는 경우가 종종 생기곤 하죠.

부모님이 언제까지 에어비앤비를 하셨으면 좋겠어요?

두 분이 원하실 때까지 계속 하셨으면 좋겠어요. 에어비앤비를 시작하신 후 긍정적인 변화가 정말 많았거든요. 다양한 사람도 많이 만나시고요. 특히 남자들은 은퇴 후에 무력감을 느끼면서 갱년기가 찾아오는데, 아버지가 예전에 사회생활하실 때 배우셨던 일본어로 게스트를 응대하시는 모습을 보면 다시 전성기 때로 돌아가신 듯한 느낌이 들 때가 있어요. 그렇게 아버지의 자존감이 높아지는 모습을 보니 아들로서도 너무 좋았거든요.

자연의 아름다움을 만끽하는 자연 친화적 여행법

깊은 산속에 자리하고 있는 우리 집은 조금만 걸음을 떼어도 무수한
식물과 흐르는 계곡들이 눈 앞에 펼쳐져요. 이런 우리 집 풍경을 게스트와 함께 나누면
생소하고 생명력 넘치는 자연의 아름다움에 금방 취해버린답니다.

야생화 구경하기

야생화는 자연에서 스스로의 힘으로 피어날 때가 가장 아름다워요. 바위틈에 아침 이슬을 머금고 있는 것들이 진짜 야생화죠. 산속에 자리 잡은 우리 집은 이런 야생화들이 지천으로 널려있어요. 자연을 보고 싶다면 자연의 힘으로 자라난 것들을 보는 걸 추천해요. 그 생동감은 무엇도 따라갈 수 없으니까요.

맨발로 잔디밭 거닐기

우리 집 앞에는 수고스럽게 키운 잔디밭이 있어요. 우리 집으로 온 여행객들은 자연을 즐기러 온 터라 잔디밭을 무척 좋아하죠. 자연을 만끽하고 싶다면 맨발로 잔디밭을 느껴 보세요. 풀 내음과 함께 맨발로 느끼는 생명의 기운은 마음마저도 정화되는 듯한 기분을 선물해 주니까요.

엄둔계곡

엄둔계곡은 강원도에서 몇 안 되는 청정 지역이에요. 엄둔마을은 농작물이나 동물을 키우는 게 금지되어 있어 계곡이 더럽혀질 일이 없죠. 더운 여름에는 시원한 계곡 물에 가만히 발을 담그고 있는 것만으로도 복잡한 마음이 가라앉는답니다.

주소 : 강원도 영월군 수주면 법흥리

법흥사

법흥사는 5대 적멸보궁 중 한 곳이지만 자연을 벗 삼기에도 좋은 곳이죠. 법흥계곡부터 산책길 옆으로 죽 늘어서 있는 소나무 사이를 걷다 보면 마음이 편안해지는 걸 느낄 수 있을 거에요.

주소 : 강원도 영월군 수주면 무릉법흥로 1352
(주천버스터미널에 57번, 57-1번 버스 탑승)

영월 흥월리 장미자 님

"적막한 시골 생활이 생기 넘치는 일상으로 변했어요."

영월 무릉도원 안주인

영월 흥월리 장미자 님

복잡한 도시에서 산 좋고 물 좋은 강원도 영월 흥월리로 내려온 지 5년째. 난생처음 겪는 시골 생활에 적응할 수 있을까 하는 걱정이 무색할 정도로 영월 흥월리 생활에 빠르게 적응했다. 이제는 과수 농사도 척척, 양계도 척척, 각종 효소 담그기도 척척 알아서 잘한다.

흥월리에서 제2의 전성기를 맞이했다 해도 과언이 아니다. 옆 동네 사람들까지 주인을 알아보는 빨간 자동차를 몰고 전통술을 담그러 다닌다. 마음 맞는 마을 사람들끼리 모여 수다를 떨면서 누룩을 띄우는 재미에 흠뻑 빠졌다. 결국엔 '너무 맛있어서 목에 넘기기 아까운 술'이란 뜻을 지닌 전통주 만들기에 성공, 지역 축제에서 판매해 큰 관심을 받았다.

원래도 손이 커서 주변에 반찬 같은 걸 나눠 주길 좋아했지만, 시골에 와서 더욱 인심이 후해졌다. 팔려고 키우는 과실수보다 게스트와 나눠 먹으려고 키우는 과실수가 더 많다는 것만 봐도 알 수 있다. 도시에서처럼 돈벌이에 연연하지 않기로 했다. 자연이 저절로 먹거리를 키우고 때가 되면 두 식구 먹을 양보다 많이, 차고 넘치게 수확할 수 있기 때문이다. 두릅 철엔 두릅전을 지저 내고 여름철엔 옥수수와 감자를 쪄서 맛보라 한다. 나누어 먹는 건 하나도 아깝지 않아 한다.

농촌 생활에 적응도 끝냈고 다양한 즐거움도 찾았지만, 아쉬운 점이 있다면 새로운 사람과 만날 수 없다는 것이었다. 하지만 그런 허전함은 에어비앤비 호스트가 되면서 말끔히 사라졌다. 적막했던 시골 생활은 전국 각지에서 진정한 여행을 위해 찾아오는 게스트로 활력이 넘치고 생기가 돈다. 게스트에게 집을 소개하고 가진 것을 나눌 때면 행복함은 배가 된다. 다음은 어떤 게스트가 찾아올지 기쁜 마음으로 기다린다.

종호	"캬, 오늘도 날씨가 좋네. 오늘은 어떤 분들이 오신다고 했지?"
미자	"대구에서 한 가족이 놀러 오신대. 초등학생 어린이, 부부, 장모님. 이렇게 네 분이 오신다고 했어."
종호	"포도가 제철이니까 같이 따먹으면 좋겠다. 어제 먹어보니 아주 달더라고."
미자	"좋아, 그러자! 여보, 닭장에 알도 주워 놔. 싱싱한 유정란도 맛보고 가셔야지."

귀촌, 너는 내 운명

"여보, 우리 늙으면 시골 가서 살자." 도시에서 남편이 늘 하던 말이다. 남편의 꿈은 생각보다 일찍 실현됐다. 남편이 예기치 못한 사고로 일찍 회사를 그만두고 강원도 영월 흥월리에 자리 잡게 된 것이다. 남편은 8년째, 나는 5년째, 우리는 귀촌 초년생이다.

태화산 600m 고지의 높은 지대, 산등성이와 계곡에 둘러싸인 우리 집은 그야말로 무릉도원이다. 봄에는 산벚꽃이 휘날리고 여름엔 계곡에서 시원한 바람이 불어오고, 가을엔 단풍이, 겨울엔 설경이 빼어난 곳. 자연이 주는 풍성함 덕분에 슈퍼에 갈 필요도 없다. 산에 올라 각종 나물을 뜯고 직접 재배한 버섯을 따서 건강밥상을 차린다. 가끔 마당에 있는 닭을 잡는 날엔 직접 키운 오가피, 옻나무, 엄나무 등 약재를 넣고 가마솥에 푹 끓여낸다. 집 주변을 둘러보면 먹을 게 지천이다.

"이렇게만 살면 150살까지 살겠어. 영월에 와서 몸과 마음이 편하고 건강해지니 너무 좋아." 남편이 시골살이에 재미를 붙이는 동안 나 또한 영월에서 제2의 인생을 펼치는 중이다. 영월군에서 운영하는 요리 아카데미에서 향토 요리도 배웠고, 작년부터는 동네 사람들이랑 전통주를 만들어 지역 축제에서 판매하고 있다. 지금껏 남편 외조하느라 바빴다면 이제는 오히려 바깥 활동을 하는 나를 남편이 응원한다. 어찌나 분주하게 다니는지 옆 동네까지 '빨간 차 모는 아주머니'라고 소문이 났다.

다양한 지역의 사람들과
교류하는 호스팅 생활

그러던 중 함께 살던 아이들이 타지역으로 유학을 떠났다. 딸이랑 아들이 쓰던 2층이 텅 비었다. 2층에 따로 마련된 작은 부엌과 너른 테라스, 바깥에 펼쳐진 평상까지 놀리기엔 아까운 공간이었다. 마침 지인의 소개로 에어비앤비를 알게 됐고 '설마 이렇게 산골짜기까지 게스트가 오겠어?' 하는 마음으로 호스팅을 시작했다. 거짓말처럼 게스트들이 우리 집에 모습을 드러냈다.

한 건물에 다닥다닥 붙어사는 도시에서는 오며 가며 이웃과 마주치는 게 일상이었지만, 집집이 멀리 떨어져 사는 시골 마을에서는 마음먹지 않으면 두세 달은 사람 그림자조차 보기 어렵다. 도심에선 당연하게 느껴졌던 사람 사는 소리가 그리웠다. 그런데 이제 에어비앤비를 통해서 각지의 사람들이 찾아온다. 우리 집 앞마당에 사람들 드나드는 즐거운 왁자지껄함이 가득 찬다. 아이들이 자갈밭을 뛰어다니는 소리, 어르신들이 운치를 즐기며 내뱉는 감탄사, 김치 얻으러 대문을 두드리는 소리. 에어비앤비 호스트가 되자 그립던 소리들이 우리를 찾아왔다.

새로운 여행의 트렌드에
앞장서는 우리 집

요즘에는 여행의 트렌드가 많이 변한 거 같다. 관광지를 벗어난 곳, 이 한적한 시골에서 동네의 일원이 되는 여행을 즐긴다. 마치 친척 집에 놀러 온 듯한 기분을 느끼고 가듯이. 우리 집에는 가족 게스트가 유독 많이 찾아온다. 노부모를 모시고 한적한 시골 생활을 즐기러 오는 거다. 이곳에는 가족의 시간을 방해할 것들은 아무것도 없다. 한 번은 한 가족과 그중 따님의 남자친구가 함께 왔었다. 어머님이 병으로 몸이 불편하셨는데 곧 어머님 생신이라 여행을 온 거다. 남자친구가 정성을 다해 미역국을 끓여 어머님에게 대접하는 모습을 보니 내 마음까지 따뜻해졌다. 그 온기가 나에게까지 영향을 미치는 걸까? 나는 집으로 돌아가는 게스트에게 우리 집 과일들을 가득 담아 양손에 들려주곤 한다. 돌아가는 길에 맛있게 드시길 바라며.

또 얼마 전에는 열다섯 명이 단체로 우리 집을 찾은 적이 있었다. 굳이 2층의 방을 놔두고 자갈밭에 텐트를 치고는 캠핑 기분을 원 없이 즐기더라. 쏟아지는 별빛 아래 옹기종기 모여 이야기를 나누던 그들의 정겨운 소리가 아직도 귓가에 맴돈다.

우리 집을 찾는 게스트들은 관광지를 찾아 바쁘게 돌아다니는 것
보다 남편과 내가 지은 과일 농사를 체험하는 걸 더욱 좋아한다. 과
수원에서 재배한 과일을 나눠주고 또 직접 따먹게끔 한다. 엄마 손
을 붙잡고 온 아이가 고사리 같은 손으로 딴 과일을 자랑하는 모습
이 어찌나 귀여운지! 속으로 '맛있어라. 맛있어라.' 주문을 외운다.

마음까지 고요해지는 시골 마을을 찾은 우리 집 여행객들은 집 앞에 앉
아 자연에 동화된다. 그리고 그걸 '진정한 여행'이라 부른다. 젊은 친구
들도 그 시간을 즐기지만, 지긋하게 나이 드신 어르신들이 특히 좋아하
신다. 어릴 때 살던 고향이 생각나시는지 하루 종일 산등성이를 바라보
고 있어도 지겹지 않단다. 무언가를 하지 않으면 뒤처지는 것처럼 숨 가
쁘게 돌아가는 도회지의 삶에서 벗어나 가만히 흐르는 시간과 자연을
즐기는 것이 이 시대에 진정 필요한 여행이 아닐까.

"가족과 함께 편히 쉬다 가요." 단지 나의 일상을 나눴을 뿐인데 편안한
미소를 지으며 진심으로 고마움을 전하는 게스트들이 있어 시골 마을의
생활이 더욱 행복하고 감사하다.

농촌에서
호스팅하기

농촌에서 하는 호스팅은 도심과는 다른 매력이 있어요. 새로운 여행 경험을 위해 농촌을 찾는 게스트도 점점 늘어나고 있죠. '볼거리가 많지 않은 농촌에서 게스트에게 특별한 여행 경험을 줄 수 있을까?' 고민할 필요는 전혀 없어요. 그저 호스트의 삶을 그대로 나누면 되거든요. 농촌에는 도심에서 쉽게 볼 수 없는 훌륭한 자연과 온전한 쉼이 가득하니까요.

Q

**농촌 생활에서
가장 힘들었던 점은
무엇인가요?**

생활적인 부분은 금세 적응했지만, 농사를 짓는 게 힘들었어
요. 농사를 쉽게 보는 사람들이 많은데 사실 변수도 많고 농사
를 지어 수입을 얻으려면 다년간의 노하우도 필요하죠. 남편
이 저보다 먼저 내려와 기반을 잡아 놓은 덕에 지금은 농사도
제법 자리를 잡았어요.

Q

**도시 호스팅과 농촌
호스팅의 차이점이
있다면요?**

외국인만 받을 수 있는 도시민박업과 달리 농어촌민박업은 내
국인도 받을 수 있어요. 그래서 외국어에 대한 걱정이 덜하니
쉽게 도전할 수 있는 거 같아요. 또, 주변에 놀 거리가 많은 도
심과는 다르게 한적한 시골을 찾는 사람들은 대부분 관광보
다 쉼을 찾아오는 경우가 많죠. 그냥 와서 맛있는 거 먹고, 자
고 싶을 때 자고, 쉬고 싶은 만큼 쉬면서 시골의 풍경을 한껏
담아 가는 여행을 즐기는 게스트가 많아요.

Q

**농촌에서 호스팅을
하면서 느낀 장단점이
있을까요?**

자급자족이 가능하다는 게 가장 큰 장점인 거 같아요. 우리 집
을 찾아온 게스트에게 우리가 키운 것들을 나누는 재미가 쏠
쏠해요. 힘들게 키운 만큼 맛있게 먹는 모습을 보면 뿌듯하기
도 하고요. 물론 식재료 구입 비용이 들지 않으니 호스팅 운영
비용도 절감되고 그만큼 넉넉하게 나눌 수 있죠. 단점은 교통
이 불편하다는 점? 제가 픽업을 가거나 터미널까지 데려다주
기도 하는데 그래도 게스트의 입장에서는 불편한 점이겠죠.

가족 게스트를 위한
농촌 힐링 여행

농촌에는 가족 게스트가 많이 찾아오는 편이에요. 사람들 복적거리는 소리가
끊기지 않는 도심과 떨어져 아무에게도 방해받지 않고 진정한 휴식을 취할 수 있기 때문이죠.
그래서 그들에게는 있는 그대로를 즐길 수 있는 농촌 여행을 소개해 주곤 한답니다.

호기심 많은 아이

시골 마당엔 각종 생명체가 가득해요. 얼마 전에 부화한 병아리, 지붕 밑에 알을 낳은 야생새 등 도시에서 쉽게 볼 수 없는 것들을 소개해 주세요. 책에서만 보던 것을 실제로 접한 아이들이 눈을 동그랗게 뜨고 좋아할 거예요.

활동적인 누나

일부러 도심과 멀어져 오지를 찾아 헤매는 캠핑족이 늘어나고 있다고 해요. 멀리 갈 필요 없이 시골 집 앞마당에서 캠핑을 해보세요. 불편한 샤워 시설을 걱정할 필요도 없고, 주변 캠핑족을 의식해 목소리를 낮출 필요도 없어요. 캠핑의 장점은 취하고, 단점은 해결되니 일거양득! 낮에 직접 따온 채소에 갓 구운 바비큐를 올려 한 쌈 가득 싸서 먹으면 그곳이 바로 천국이 된답니다.

휴식이 필요한 삼촌

시험, 취업 등 많은 고민을 안고 있는 친구들에게 가장 필요한 것은 무념무상의 시간! 그들에겐 잔디를 고르며 잡풀을 골라내는 걸 추천해요. 단순한 노동을 하며 땀 흘리는 순간만큼은 아무런 생각도 들지 않으니까요. 실제로 시골에서 생활하는 사람들은 잔디 사이에 난 잡풀을 뜯으며 복잡한 머리를 식히곤 해요.

거동이 불편한 어르신

금세 지치기 쉬운 어르신들에겐 무언가를 권하기보다 오감 여행을 추천해요. 도심의 매연 대신 풀 내음 맡기. 빌딩 숲이 아닌 바위 사이 흐르는 계곡물 들여다보기. 기계가 만든 음악보다 훌륭한 산새 소리, 바람에 흔들리는 나뭇잎 소리에 귀 기울이는 시간 등 자연에 온전히 오감을 맡기는 시간을 선물하는 거죠.

서울 광진구 김귀녀 님

"취미 생활을
즐길 수 있는 든든한
연금이 생겼어요."

자양동 팔방미인
서울 광진구 김귀녀 님

마음은 언제나 꿈 많은 소녀. 어려서부터 예술에 관심이 많았지만 좋은 아내, 좋은 엄마 노릇을 하느라 본인의 꿈은 늘 뒷전으로 미뤄 두어야 했다. 딸이 다 커서 출가를 하자 상황이 달라졌다. 지금까지 누리지 못했던 자유가 한 번에 찾아왔다. 요즘은 취미가 본업, 집안일이 부업이 되었다.

맘껏 피아노를 치고 그림을 그리며 취미를 즐기는 지금의 삶이 행복하다. 친구들이 가끔 '예술이 밥 먹여주냐'고 타박해도 이제는 눈 하나 깜짝 안 한다. 나답게 사는 것의 즐거움을 누구보다 잘 알고 있기 때문이다. 아직도 마음속엔 버킷 리스트가 잔뜩 남아있다. 우선순위였던 등산, 인문학 독서 모임, 중국어 공부를 시작했다.

취미 생활을 하며 우아하게 늙고 싶다는 꿈을 이루도록 도와준 건 에어비앤비. 호스팅을 하며 얻은 수익은 걱정하던 노후 생활비에 보탬이 되어 온전히 그녀가 하고 싶은 것에 전념할 수 있도록 뒷받침 해주는 연금이 되었다. 집 전체를 예약한 게스트가 있을 때는 여행을 떠난다. 여행은 또 하나의 취미이자 영감의 원천이다. 지금 잡은 행복을 오랫동안 유지하는 게 그녀의 꿈이자 소원이다.

귀녀   "엄마 나간다. 오늘 서해안에 그림 그리러 가는 날인 거 알지?"

딸   "응, 알지. 엄마가 나보다 더 바쁜 것 같아. 그림 그리러 다니고, 인문학 독서 모임에, 중국어 수업, 등산까지. 다음 주에는 러시아로 여행도 간다면서?"

귀녀   "이제 자유의 몸이야. 내 맘대로 하고 싶은 거 다 하면서 살 거야."

딸   "그동안 하고 싶은 거 많아서 어떻게 참았나 몰라~ 조심해서 잘 다녀와요. 그림 그리다 가끔 일어나서 스트레칭도 하고!"

우리 집은 나의 든든한 후원자

딸이 시집을 간 뒤 내 인생의 제2막이 펼쳐졌다. 평범한 가정주부로 평생 남편과 딸 뒷바라지를 하며 살다가 자유를 찾은 것이다. 진정한 독립을 위해선 독립 자금이 필요했다. 일을 찾아 나섰다. 서울시에서 주선하는 일자리 센터에서 상담도 받아보고 여기저기 알아봐도 마음에 드는 일자리는 많지 않았다. 노동 시간은 길었고 임금은 적었다. 그러다 우연히 온라인 뉴스에서 에어비앤비에 대한 기사를 접했다. '나는 여행을 좋아하고, 외국인 친구를 사귀는 것도 좋아하니까 나중에 강원도나 어디 경치 좋은 곳에서 펜션을 운영해야지.'하고 막연하게 생각했는데 에어비앤비는 도시에서도 내 꿈을 이룰 수 있게 도와줬다. 곧장 에어비앤비 사이트에 가입해서 계정을 만들고 호스팅을 시작했다.

에어비앤비 덕분에 나의 독립은 성공적으로 이루어졌다. 연금이 마련되어 있지 않아 노후에 대한 막연한 두려움이 있었는데 더이상 나이 먹는 게 두렵지 않다. 한 달간 성실히 게스트를 받으면 소박한 기본 생활비 정도는 벌 수 있다. 남편이나 자식에게 손 벌리지 않아도 되는 게 제일 좋다. 게다가 에어비앤비의 세계엔 은퇴도 없으니 건강이 허락하는 한 호스팅을 계속할 수 있다. 마치 은행에 돈을 맡겨둔 것처럼 마음이 든든하다. 오롯이 나를 위해 사는 삶은 계속될 것이다.

나의 영혼의 동반자가 된 게스트

'딩동' 에어비앤비 메시지가 울렸다. 우리 집에 묵고 싶다는 게스트의 연락이었다. 첫 게스트를 받을 생각에 마음이 들떴다. 서울의 저렴한 호텔에서 묵다가 우리 집으로 오게 된 네덜란드 사람이었다. 게스트가 우리 집에 발을 들이자마자 흥분된 마음에 이런저런 질문을 쏟아 냈다. "어떻게 한국에 오게 되었어요?", "혹시 전시회 관람하는 거 좋아해요? 등산은요?" 여행 업계에서 일하다 안식년을 맞아 한국에 오게 된 게스트는 나의 물음에 웃음으로 화답해주었고 그렇게 우린 만나는 순간 친구가 되었다. 마침 내가 그린 그림들로 전시를 하고 있을 때라 전시회에 초대하기도 하고, 내 친구들과 함께 등산을 가기도 했다. 우리는 영혼의 동반자처럼 내가 가는 곳 어디든 함께 했다. 게스트가 한국에서의 여행을 마치고 집으로 돌아가는 날, 우리는 부둥켜안고 다음을 기약하며 눈물을 훔쳤다. 다시 만날 날을 기다리며.

우리 집은 다시 찾아오는 게스트가 많다. 심지어 우리 집을 방문하기 위해 여행지를 변경하는 게스트도 있다. 모두 나에게 마음을 써 주는 고마운 친구들이다. 특히 홍콩에서 나를 찾아 자주 오는 친구가 있는데, 한번은 내가 여행을 하는 동안 한국에 잠깐 들르게 되었다며 직접 전하지 못해 아쉽다는 편지와 함께 선인장, 커피잔, 커피 등 내 생일 선물을 한아름 집 앞에 두고 간 적도 있다. 이 모든 순간은 내가 에어비앤비를 시작하지 않았다면 느껴보지 못했을 멋진 경험이자 추억이다.

나는 늦깎이 미술 학도

호스팅은 내게 수입뿐 아니라 시간적 여유까지 가져다주었다. 덕분에 일을 하면서도 좋아하는 취미 생활을 꾸준히 할 수 있었다. 가장 좋아하는 것은 그림 그리기. 젊은 시절에도 미술을 하고 싶었지만, 엄마 노릇, 아내 노릇 하느라 못 했던 걸 느지막이 시작했다. 요즘은 그림 동호회 활동을 하며 온 산천을 누비고 다닌다. 그러다 발길을 멈추게 하는 절경을 만나면 그 앞에 자리를 잡고 앉아 몇 시간이고 그림을 그린다.

청산도에서 그린 습작은 우리 집 거실에 전시되어 있다. 게스트들이 내 작품을 보며 "awesome!"하고 엄지손가락을 치켜세울 때면 내가 그림 그릴 때 얼마나 행복한지 새삼스레 깨닫는다. 직장 생활과는 다르게 얼마든지 시간을 융통성 있게 쓸 수 있다는 게 에어비앤비의 최대 장점이다. 그런 면에서 에어비앤비가 내 행복을 지켜주고 있다.

받은 만큼 돌려주고 싶은 마음도 크다. 얼마 전 우리 집에 묵은 러시아 게스트는 젊었을 적 내 모습을 보는 것 같았다. 그림을 무척 그리고 싶었지만, 가족의 생계를 책임지기 위해서 포기했다고 한다. 안타까운 마음에 마시던 차를 물리고 그 자리에서 내가 쓰던 미술 도구를 꺼내 같이 그림을 그렸다. 게스트가 아이처럼 좋아하던 모습이 아직도 눈에 선하다. "러시아로 돌아가면 아마 바빠서 그림을 못 그릴 것 같아요."하고 말했지만 언제든지 시작할 수 있다는 마음의 씨앗 하나가 심어졌다고 생각한다. 언젠가 서울에서 그림을 그렸던 추억을 생각하면서 캔버스와 물감을 사러 가는 날이 오겠지.

에어비앤비로 떠나는 세계 여행

나의 여행은 게스트가 장기로 집 전체를 빌리는 경우에 시작된다. 평소 에어비앤비 사이트에 들어가 가고 싶은 숙소를 위시리스트에 넣어 두었다가 여행을 떠날 때 예약한다. 입장이 바뀌어 호스트에서 게스트가 된다.

가장 기억에 남는 여행은 작년 한 달간 프랑스 전역을 돌아다녔던 때다. 마침 파리에서 전 세계 슈퍼호스트를 대상으로 열리는 행사에 초대를 받아 참여했다. 그런데 마지막 날 파리 테러 사건이 터진 게 아닌가. 불안한 마음에 우리 집에 머물러 인연을 맺은 게스트에게 연락을 했고, 운이 좋게도 그가 파리 근교에 머물고 있어서 그 집에서 하룻밤 신세를 졌다. 우리 집에 머물 때 함께 전시도 보러 가고 등산도 다니는 등 내가 베푼 호의가 또 다른 호의가 되어 돌아온 것이다.

게스트가 마련해 준 집에서 안전하게 하루를 보낸 뒤, 프랑스 시골 마을로 여행을 계속했다. 에어비앤비에서 발견한 독특한 숙소인 보트 하우스에서 머물기도 하고 백 년도 넘은 프랑스 시골집에서 묵기도 했다. 오래된 시골집은 창밖으로 지중해 바다가 보이고 층계가 낮은 계단이 있는 집이었는데 프랑스의 유명한 화가들이 머물면서 그림을 그렸던 곳으로 잘 알려져 있다. 그 집 고유의 정취와 독특한 풍광은 나에게 많은 영감을 주었다. 내가 게스트로 묵었던 집에서 많은 영감을 얻은 것처럼 우리 집도 전 세계 게스트에게 영감을 주는 곳이 되었으면 한다. 새로운 게스트가 우리 집을 예약하면 가슴이 두근두근 뛴다. 서로에게 신선한 자극이 될 그 만남을 손꼽아 기다린다.

우리 집으로
제2의 연금 얻기

호스팅에는 여러 장점이 있어요. 그중 가장 큰 장점은 호스팅을 통해 적지만
생활비에 보탬이 되는 수입이 생긴다는 것과 본인의 스케줄을 스스로 관리할 수 있다는
점이에요. 스스로 호스팅에 할애하는 시간을 조정하면 여유로운 시간에
취미 생활을 즐길 수도 있고, 훌쩍 여행을 떠날 수도 있답니다.

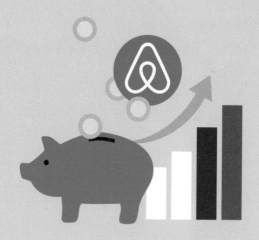

**호스팅으로 버는
한 달 수입이 어느 정도
인지 궁금해요.**

우리 집은 노후 대책이 전혀 없어서 막막한 상태였어요. 에어비앤비를 통해 버는 수입은 비수기, 성수기가 있다고는 하지만, 저는 운이 좋은지 다행히 사는 데 필요한 기본 생활비에 적지 않은 도움이 되는 정도예요. 현재 호스팅 외에 다른 일은 하지 않고 있는데, 에어비앤비가 저의 노후 연금이 되어주는 셈이죠.

**집 전체를 빌려줄 때
불안하지는 않으세요?**

저는 처음 호스팅을 시작했을 때부터 완전히 열린 마음이었어요. 게스트에 대한 신뢰를 바탕으로 제 집을 빌려주기 때문에 크게 걱정하지 않아요. 그리고 에어비앤비를 통해 오는 게스트들은 굉장히 신사적이에요. 단 한 번도 문제가 되거나 사고가 난 적이 없었죠. 심지어 머물기 전처럼 깨끗하게 청소를 해 놓고 돌아가는 사람들도 있으니까요.

**언제나 자유롭게
여행을 떠날 수 있다는게
에어비앤비의
장점이겠죠?**

맞아요. 집 전체를 게스트에게 빌려주는 날이 제가 여행을 떠나는 날이에요. 에어비앤비는 호스트 스스로 호스팅 시간을 유동적으로 활용할 수 있어 일정을 계획하기 쉽다는 게 큰 장점인데요. 에어비앤비 사이트에서 숙소와 달력 관리 설정을 통해 몸이 안 좋거나 개인적인 사정이 생겼을 때는 잠시 예약을 받지 않을 수도 있죠. 그래서 호스팅에만 얽매이지 않을 수 있어요. 그게 제가 장기적으로 호스팅을 할 수 있었던 가장 큰 이유였던 거 같아요.

게스트와 나의 관심사를 나누는 여행 코스

저는 틈이 날 때마다 저에게 영감을 줄 만한 것들을 찾아 나서요.
가끔 게스트와 시간이 맞으면 그 과정을 함께 할 때도 있어요. 동네의 서점과
전시회를 찾아가는 등 소박한 코스지만 많은 영감을 얻을 수 있죠.

서점

서점에는 수많은 이야기가 담겨 있어요. 게스트와 서로 좋아하는 작가, 감명 깊게 본 책에 관해 이야기하면서 서로를 알아가기도 하고, 이전에는 알지 못했던 좋은 작가를 추천 받기도 하죠. 여행 책자 코너에서 자신의 나라를 소개해주는 게스트도 있는데 그런 모든 시간이 유쾌해요.

전시회

제가 그린 그림을 전시하거나 평소 눈여겨보던 전시가 열리면 게스트와 함께 관람하곤 해요. 운이 좋으면 해외 유명 작가의 전시를 보기도 하는데 작품에 관해 이야기 하다 보면 집으로 돌아가는 길도 짧게 느껴지죠.

성수동 골목

구두 장인이 많기로 유명한 성수동은 새롭게 뜨고 있는 문화 집결지예요. 한국의 골목이 낯선 외국인 게스트에게 성수동 골목 곳곳은 영감을 얻을 수 있는 장소이기도 하니 저녁 무렵 같이 맥주를 마시며 가볍게 둘러보기에 좋아요.

파주 헤이리마을 이안수 님

"우리 집에서 글로벌 인생학교를 열었어요."

헤이리 소크라테스
파주 헤이리마을 이안수 님

주된 동력은 호기심. 궁금증이 있으면 참지 못한다. 젊은 시절에는 온통 궁금한 것 투성이라 책 속에 파묻혀 살았다. 좀 더 나이가 들어서는 아직 보지 못한 인류를 만나러 세계 각지를 여행했다. 타지에서 현지 사람들처럼 살아보며 지적 갈증을 채웠다. 그렇게 삼십 년간 외국을 제 집 드나들듯 하면서 '사람이 한 권의 책'이란 사실을 깨달았다.

그러던 어느 날, 한 곳에 가만히 있으면서도 세계 각지의 사람들을 불러 모을 획기적인 아이디어를 생각해냈다. 바로 에어비앤비의 호스트가 되는 것이다. 그렇게 삼십 년간 지속하던 해외로의 출입을 끊고 헤이리마을에 정착했다. 그의 바람대로 전국 각지에서, 또 세계 곳곳에서 다양한 게스트가 모여들고 있다.

현관문을 넘어 제 공간으로 들어오는 사람들을 부르는 독특한 애칭이 있다. 게스트에게 거부감 없이 다가가기 위해서다. 또한, 인간 사이에 가장 중요한 건 유머라는 믿음 때문이기도 하다. 누구에게나 격식 없이 대하는 것이 그의 신조. 꼰대가 되는 것만큼 두려운 게 없다.

친근한 수다쟁이인 줄 알고 서재 맞은편에 앉았다가 끝내 인생 전체를 회고하게 하는 헤이리마을의 예리한 소크라테스다. 하룻밤 새 수천 개의 질문을 던지는 능력을 가졌다. 그 결과 그의 서재엔 '글로벌 인생학교'란 종이 현판이 걸렸고 각자의 방에선 예술가들의 작품이 탄생하고 있다.

선호	"전 그동안 너무 바쁘게 앞만 보고 달렸어요."
안수	"풍경은 멈추어 서서 보는 것이 더 아름답지요."
선호	"그래서 여기 헤이리마을에서 쉬면서 앞으로 어떤 태도로 살아야 할지 고민해 보려고요."
안수	"언제나 최고 속력으로 달릴 순 없습니다. 인디언들처럼 때때로 말을 멈추고 뒤돌아서서 자신의 영혼이 뒤따라 오고 있는지 확인할 필요가 있지요. 그 잠깐의 멈춤이 잘못된 길로 접어들었다가 먼 길을 되돌아 나오는 것을 막아줍니다."
선호	"아, 역시 선생님과 이야기하면 많은 것을 깨닫게 돼요. 오늘이 제 인생의 방향을 바꾸는 소중한 날이 될 것 같네요."

집에서 즐기는 세계 여행

나는 헤이리마을의 작가다. 마을 사람들이 촌장이라는 의무를 어깨에 하나 더 올려 주었다. 동시에 에어비앤비의 호스트다. 파주 헤이리마을에 정착 한 지 만으로 10년. 이웃사촌인 헤이리마을의 예술가들에게 매료되어 오랫동안 해외를 떠돌던 몸과 마음이 헤이리마을에 정착했다. 이곳에 집을 한 채 지어 호스팅을 시작했다. 그리고 '현지로 여행을 가는 대신 전 세계의 여행자를 우리 집으로 불러 모으자!' 마음먹었다.

덕분에 지난 10년간 가만히 앉아서 세계 여행을 할 수 있었다. 나의 바람대로 전 세계 80여 개국에서 게스트가 각 도시의 기운을 껴안고 헤이리마을로 모여들었다. 어쩌면 여행은 물리적 거리의 변화가 아니라 생각의 변화를 부르는 말일지 모른다. 그간 해외 곳곳을 다닌 이유는 그곳에 어떤 사람이 살고, 어떤 가치를 추구하고 실현하는지 궁금해서였는데 헤이리마을에 가만히 앉아서도 궁금증이 저절로 해소됐다. 그 날 방문하는 게스트에 따라서 우리 집 서재는 유럽이 되기도, 아프리카가 되기도 한다.

'글로벌 인생학교'가 된 서재

우리 집에서 가장 재미있는 장소는 서재다. 여긴 나의 집필 공간이자 동시에 인생에 대한 깊이 있는 이야기를 나누는 열린 공간이다. 게스트는 이곳에서 책을 꺼내 읽거나 밤새도록 나와 토론을 벌이고 때로는 처음 본 게스트들끼리 삶을 나눈다.

도회적인 삶의 고민을 품고 혼자 오는 게스트도 꽤 많다. 그들을 위해 나는 맞은편에 앉아 끊임없이 질문을 던진다. 질문에 대한 답을 찾으며 스스로 고민을 해결하도록 돕는 것이다. 때론 질문과 답이 밤새도록 이어지기도 한다. 캐나다에서 온 기자는 선걸음에 대화를 나누다가 겨우 10여 미터 앞의 방으로 들어가는 데 4시간이나 걸렸고 어떤 게스트는 이야기를 나누느라 꼬박 밤을 새우고 아침 비행기를 타러 가느라 정작 침대에 누워보지도 못했다. 그들은 아마도 휴식이나 잠보다 더욱 가치 있는 것을 얻어갔으리라.

서재의 한쪽엔 한 게스트가 '글로벌 인생학교'라 명명한, 멋진 붓글씨로 쓴 종이 현판이 걸려있다. 집필을 위해 만든 공간이 인간의 성찰과 성장을 독려하는 학교의 기능을 한다니 무척 보람을 느낀다. 한 미국 청년은 "세계 각지를 여행했지만, 파주 헤이리마을에 와서 비로소 세상을 보는 나만의 독자적인 시선을 가지게 됐어요."라고 고백했다. 솔직히 말해서,

글로벌 인생학교에서 가장 크게 성장한 사람은 바로 나다. 대화를 통해 상대가 깨우칠 때 나도 함께 성장했다. 우리 집 서재를 다녀간 모든 게스트가 나의 스승이다.

우리 집을 찾는 모든 사람은 예술가

또 다른 부류의 게스트들은 창작을 위해 우리 집에 모여든다. 이미 예술가라는 타이틀을 얻은 작가들은 드라마 대본을 쓰거나 자전적인 에세이를 완성해 나가고 예술가를 꿈꾸는 이들은 작품을 구상하고 영감을 얻으려 한다. 방마다 예술가들이 둥지를 틀고 작품을 만들고 있는 중이다. 나는 기쁘게 산파 역할을 한다.

자연스럽게 우리 집은 문화와 예술을 귀하게 여기는 이들이 한데 모여 서로 교류할 수 있는 장이 됐다. 직업으로서 예술인이 아니라도 각자의 삶을 예술로 만드는 사람들이 모인다. 일례로 10여 번이나 방문하고도 아쉬워 책 꾸러미를 보내는 게스트가 있다. 하루치 숙박비만큼의 책과 함께 "각자의 형편 때문에 방문이 허락되지 않는 저희 가족 대신에 이 책들을 재워주세요."라는 메시지를 보냈다. 이 책 꾸러미를 9년째 받고 있다. 집안 곳곳엔 주인 대신 찾아온 책, 저자들이 직접 가져온 책, 어떤 작가의 초고, 군대 가기 전 적은 편지, 누군가의 4년치 일기장 등이 숨 쉬고 있다. 에어비앤비를 통해 맺은 모든 인연이 나에게는 예술이다.

게스트에게
친밀하게 다가가기

처음 본 게스트에게 친근하게 말을 걸기란 생각만큼 쉽지 않죠.
그럴 땐 질문으로 첫 운을 띄워보는 건 어떨까요? 게스트와 질문과 대답을 주고받다 보면
어느새 오랜 친구와 대화하듯 편하게 이야기하는 자신을 발견할 수 있을 거에요.

Q

게스트와 오랜 시간
많은 이야기를 주고
받으시는데요, 친밀하게
대화를 지속하는
노하우가 있나요?

많은 호스트분들이 에어비앤비를 하면서 걱정하는 부분이 게스트와 친밀하게 대화하는 법일 거예요. 저 같은 경우는 끊임없이 질문을 해요. 이 질문들은 상대를 파악하고 진단하기 위한 것이죠. 질문을 통해 최종적으로 스스로 고민에 대한 해답을 찾을 수 있도록 도와줘요. 질문법은 따로 없어요. 게스트의 성향에 맞게 그때그때 다른 질문을 해요. 게스트가 스스로 계속 이야기를 하게 만드는 거죠.

Q

외국인 게스트도 많이
찾아오는 것 같아요.
그들에게 자연스럽게
다가갈 좋은 방법이
있을까요?

무엇보다 유머가 최고죠. 웃음을 터뜨리면 경계하는 마음이 완전히 무장해제돼요. 가장 쉽게 할 수 있는 유머는 보이는 것과 정반대의 질문을 던지는 겁니다. 예를 들어 나이가 지긋한 게스트에게 '당신은 10대 인가요?'라는 농담을 던지면 웃음이 터지게 되죠. 칭찬을 퍼붓는 것도 좋은 방법이에요. 부정적인 면이 있다 해도 다른 장점에 칭찬하는 방식으로 단점이 활동하는 것을 막는 거예요. 가장 주의해야 할 것은 비언어적인 행동이에요. 외국어가 완벽하지 않더라도 보디랭귀지로 충분히 의사소통이 가능하니 항상 주의를 기울이세요. 상대방은 이미 눈빛, 손짓, 표정 등으로 당신에게 말하고 있으니까요.

Q

게스트를 맞이할 때
가장 중요한 것
한 가지만 꼽는다면요?

자기 자신의 모든 것을 내보이는 열린 마음과 상대에게 방점을 두는 배려. 에어비앤비가 만드는 문화임과 동시에 가치이기도 하죠. 그 뒤에는 감사가 뒤따라 옵니다. 배려, 감사, 상대에 대한 열린 마음. 이것들이 바로 유머와 질문을 뛰어넘는 비언어적 행동에 해당할 수 있답니다.

'영감에서 창작까지' 맛보는 여행

헤이리마을은 예술과 관련된 다양한 활동을 할 수 있는 곳이에요.
제가 이곳을 사랑하는 이유 중 하나이기도 하죠. 나만의 작품을 만들기 위해서는
영감을 얻어 구상하고 실행하기까지 거쳐야 하는 일련의 과정들이 있어요.
우리 마을은 그 모든 과정을 수행할 수 있는 곳이죠.

영감을 얻을 수 있는 산책로

헤이리마을을 가로지르고 있는 중앙 개울을 따라 걷거나, 조각 산책로 '마음이 닿길'에 있는 키 낮은 가로등의 불빛을 가만히 감상해 보세요. 사실 헤이리마을은 그 자체가 문화 예술 마을이기 때문에 발길이 닿는 곳마다 영감의 원천이 된답니다.

창작이 가능한 카페

마을 곳곳에는 멀리서도 찾아올 만큼 매력적인 카페들이 많아요. 그중 도자기를 직접 빚거나 귀걸이, 반지 같은 장신구를 만들어볼 수 있는 카페에 가보는 건 어떨까요? 자신만의 개성을 담아 세상에 단 하나뿐인 작품을 만들어보는 좋은 기회가 될 거예요.

예술가의 감성을 엿보는 박물관과 미술관

헤이리하면 빼놓을 수 없는 곳이 바로 박물관이죠. 헤이리에는 상시 다른 테마로 운영되는 박물관과 예술가의 작품을 감상할 수 있는 미술관이 있어요. 이곳에 들러 예술가의 세계를 감상해보세요. 내 안에 잠재되어 있던 예술혼을 일깨우는 계기가 될지도 모르니까요.

서울 중구 이명희 님

"우리 집에 머무는 외국인 친구들 덕분에 매일 새로운 문화를 경험해요."

중구 글로벌 아줌마
서울 중구 이명희 님

'나이는 숫자일 뿐이야!'라고 외치는 멋쟁이 시니어. 도전하고 싶은 일이 생기면 성과가 보일 때까지 집요하게 파고든다. 젊은 시절, 취미로 시작한 댄스 스포츠로 대회에서 수상했을 뿐 아니라 지도자 과정까지 이수했다.

은퇴하기 전, 25년간 가정과 회사에서 제 소임을 다한 커리어 우먼이었다. 은퇴 후 적적함을 달래기 위해 선택한 것은 언어 공부. 퇴직하자마자 일본어 공부를 시작해 1년 만에 일본어능력시험에 통과하고 관광 가이드 자격증을 거머쥔다. 곧이어 늘어나는 중국인 관광객을 보며 중국어 공부에 매진. 그것도 부족해 중국 상해로 중국어 유학을 감행하는 대범함까지 지녔다.

새로운 것을 배우고 익히는 게 천성이다. 상해로 홀연히 떠나 밤낮으로 중국어 공부에 매달렸던 시절이 인생의 호시절이라 말한다. 같이 공부했던 젊은이들에 비해 떨어지는 체력도, 침침한 시력도 만학도의 학구열을 막을 수 없었다. 결국, 원했던 중국어 자격증을 손에 쥐고 우수한 성적으로 어학당을 졸업했다.

최근에는 에어비앤비 호스트가 되어 책으로만 익혔던 중국 문화를 몸으로 부딪히고 있다. 음식이나 예절, 생활 습관 등 호스팅을 하지 않았으면 미처 경험하지 못했을 그 나라의 문화를 알아가는 맛은 꽤나 쏠쏠하다. 게스트와 서로의 문화를 소개하고 체험하면서 유대감도 쌓는다. 의사소통이 자유로우니 재미는 배가된다. 요즘에는 저녁때마다 게스트와 거실에 모여 수다를 떠는 게 최고의 낙이다.

명희	"한국 사람은 이렇게 삼겹살이랑 마늘, 쌈장을 넣고 상추에 싸서 먹어."
샤오칭	"언니! 언니가 해준 음식은 다 맛있어요. 특히 떡국이 좋아요."
명희	"어머, 샤오칭. 한국말이 많이 늘었네~"
샤오칭	"언니도 중국어 참 잘해요. 중국 사람처럼 말해요~"
명희	"정말? 내일은 샤오칭이 좋아하는 잔멸치볶음에 중국식 등갈비 요리를 같이 해 볼까?"

우리 집 게스트는
최고의 중국어 선생님

젊을 때부터 은퇴하기 전까지 25년간 비서로 근무했다. 오랜 기간 직장 생활을 하며 외국 거래처의 현지인 임직원들을 응대하는 일이 많았는데 그 일이 꽤 적성에 맞다고 느꼈다. 그래서 은퇴 후에는 여행 가이드가 되기로 결심했다. 꿈을 이루기 위한 첫 번째 발걸음은 산업인력공단의 도움으로 중국 상해로 중국어 유학을 떠난 것. 이 일을 계기로 중국어 자격증과 가이드 자격증을 취득하고 본격적으로 가이드로 활동하게 됐다.

가이드 생활을 하면서 에어비앤비와 만난 것은 지난 해인 2015년. 메르스로 인해 단체 관광이 대거 취소되면서 가이드와 도시민박업을 오가던 생활을 정리하고 에어비앤비에 집중하게 됐다. 시간이 지나면 지날수록 에어비앤비 호스트 생활에 만족스러웠다. 다양한 국가에서 오는 게스트와 다양한 언어로 이야기를 나누는 즐거움이 일상에 스며들었다. 가만히 앉아 있어도 우리 집 빈방으로 게스트가 찾아왔다. 장기 투숙을 하는 친구들은 독립한 첫째 아들과 유학 간 둘째 아들의 빈자리를 채워 주었다. 그날그날 게스트와 수다를 떨다 보면 적적함을 느낄 새가 없다.

최근에는 중국, 홍콩, 대만 등 만다린어를 쓰는 게스트가 주로 찾아와 매일 중국어 과외를 받는 기분이다. 중국어 교재를 펴 본 지 한참 됐는데 오히려 중국어 실력은 날로 늘어 간다. 게스트와 이야기하다 처음 듣는 표현은 적어 놓았다가 공부하는 것이 나의 공부 비법. 우리 집을 찾는 게스트는 최고의 중국어 선생님들이다.

한국과 중국의 문화가
교류하는 우리 집

덕분에 중국 대륙을 밟지 않고도 늘 중국 여행을 하듯 설렌다. 빈방을 공유하면서 몰랐던 중국의 요리, 중국인의 습관, 중국의 역사 등 대륙의 문화를 더욱 가까이서 접했다. 그럴 때마다 에어비앤비의 호스트가 되길 잘했다는 생각이 든다. 나 역시도 우리 집을 찾은 게스트에게 나만의 방식으로 보답한다. 바로 제한된 여행 시간을 알차게 보낼 수 있게 도와주는 것! 인터넷이 발달하여 다양한 정보를 볼 수 있긴 하지만 모든 정보가 실속있는 건 아니다. 그래서 내가 현지인의 눈으로 걸러주는 역할을 한다. "그곳도 괜찮기는 하지만, 중국에서 볼 수 있는 일반 가게와 크게 다르지 않아. 거기보다는 여기를 가보는 게 어때?" 이렇게 꼭 가봐야 할 곳 몇 군데를 추천해 준다. 이런 작은 친절이 한 사람의 여행을 조금 더 특별하게 바꾸는 것 같다. 집으로 돌아간 게스트들이 우리 집 후기로 '소중한 시간을 아끼게 해줘서 고맙다.'는 인사를 남겨 놓는 경우가 종종 있기 때문이다. 그런 후기들을 볼 때면 뿌듯함으로 가슴이 벅차 오른다.

그 외에도 내가 베푼 작은 배려는 나를 감동시키는 작은 선물이 되어 돌아오기도 한다. 올해 설을 맞아 우리 집을 방문한 게스트가 있었다. 꼭두새벽 도착할 시간에 맞춰 서울역 버스 정류장에 마중을 나갔더니 반갑게도 빨간 봉투에 세뱃돈을 담아 건네는 것이 아닌가! 예상치도 못한 선물에 방긋 웃음이 났다. 서울 한복판에서 대대로 내려오는 중국의 풍습을 경험한 것이다. 고마움의 표시로 설날 당일에 직접 만든 떡국, 잡채 등 한국의 명절 음식을 함께 나눠 먹었다. 그랬더니 게스트는 한식에 대한 보답으로 중국 요리를 차려 주었다. 슈퍼마켓에서 재료를 직접 마련해 와서 중국식 등갈비 요리를 만들어 주었는데 그 맛을 아직도 잊을 수 없다. 가끔 생각날 때면 그녀가 알려준 레시피대로 등갈비 요리를 해 먹고 사진을 찍어 메신저로 보낸다. 그러면 '무척 잘 만들었다.'는 칭찬이 중국에서 날아온다.

나와 게스트는 각 나라의 식사 예절과 먹는 법, 요리법까지 다양한 질문을 주고받는다. 상추에 불고기를 싸 먹는 법, 잔멸치볶음을 만드는 법은 언제나 인기있는 답변이다. 한국 드라마를 인상 깊게 본 게스트들은 궁금한 것도 많다. 드라마에서 본 한국식 배달 문화를 경험하고 싶은 게스트는 직접 전화로 치맥을 시켜 먹기도 한다. 이처럼 우리 집 부엌에서는 한국과 중국의 문화가 자연스럽게 오간다.

나는야 글로벌 아줌마

좋지 아니한가. 돈도 벌고 글로벌 인재로 거듭나고, 꿩 먹고 알 먹고! 젊은 게스트와 어울리면서 나는 또래에 비해 젊고 앞서 나가는 글로벌 아줌마로 거듭났다. 중국인들이 즐겨 사용하는 인터넷 메신저를 사용하는 건 일상적인 일이다. 게스트와 메신저 친구를 맺어 한국을 떠난 후에도 서로의 근황을 나눌 수 있다.

나는 한국에, 게스트는 중국에 멀리 떨어져 있어도 옆 동네에 있는 것처럼 가깝게 느껴진다. 한국에서 관광하며 찍은 사진들, 우리 집에서 함께 찍은 사진을 전송해 주기도 한다. 추억이 시차와 국경을 가로질러 우리 집 컴퓨터로 흘러들어 온다. 간혹 나에게 "중국인 게스트들은 어때?"하며 묻는 친구들이 있다. 나도 경험하기 전까지는 그들에 대해 제대로 알지 못했던 터. 호스팅을 하면서 내가 느낀 중국 사람들에 대해 솔직하게 이야기하면 대부분 고개를 끄덕인다. "정도 많고, 예의도 아주 발라. 단지 우리와 문화가 조금 다른 것뿐이지. 한국에서의 예절을 미리 설명해 주면 서로 절대 얼굴 붉힐 일 없게 잘 지켜줘서 너무 좋아." 나는 중국인 게스트들과 소소한 이야기로 수다를 떨면서 더욱 즐겁게 호스팅을 하고 싶은 마음에 지금도 중국의 전통문화와 트렌드, 언어 등을 공부하고 있다. 100세까지 사는 시대에 배움에는 끝이 없다. 시대에 발맞추어 걷는 성취감은 덤이다.

게스트를 위한
특별한 경험 준비하기

우리 집을 찾은 게스트에게 더 좋은 환경과 추억을 남겨 주고 싶은 건 모든 호스트의
바람이에요. 게스트가 생활하기 편한 환경을 만들고 내가 잘할 수 있는 작은 이벤트를 준비해
보세요. 거창한 무언가를 준비해야 한다는 부담감은 느끼실 필요 없어요.

Q

에어비앤비를 시작하기 위해 따로 준비했던 것들이 있으세요?

방을 내어주기 전에 집에 많은 사람들이 함께 머물 것에 대비했어요. 중고로 구입한 2층 침대를 들여놓았고, 전기세를 절약하기 위해 김치냉장고는 세로형으로, 에어컨도 전기세 절감 모델로 교체했어요. 저는 처음부터 준비해 놓은 다음에 호스팅을 시작했지만 그렇지 않은 사람들도 많더라고요. 우선 시작한 후에 호스팅을 하며 생긴 수입으로 여유가 있을 때 조금씩 바꾸어 나가는 거죠.

Q

명희 님의 집을 찾은 게스트에게 특별한 추억을 남겨주기 위해 준비한 작은 이벤트 같은 게 따로 있나요?

집에 개량 한복을 준비해 놨어요. 한 번은 대학교수 부부에게 입혀 줬더니 무척 즐거워하더라고요. 촬영한 사진을 동영상으로 직접 만들어 제게 보내 주기도 했어요. 그리고 남편이 포토샵을 할 줄 알아서 한류 스타의 사진과 게스트의 사진을 합성해 소장용으로 선물해 주기도 하는 데 이런 작은 것들도 정말 좋아해 주더라고요.

Q

게스트 중 중국 사람이 가장 많은데요, 중국인 게스트를 맞이할 때 특별히 유의해야 할 점이 있을까요?

중국 사람들은 여름에도 찬물을 잘 안 마셔서 항상 보온병에 뜨거운 물을 준비해 놓아요. 그리고 중국은 우리와 분리수거의 개념이 달라 재생 가능한 것, 불가능한 것 이렇게 두 가지로만 분리를 한다고 해요. 그래서 우리 집에 도착하면 한국식 분리수거를 미리 알려주죠. 문화가 달라서 생기는 유의점일 뿐, 미리 부탁하고 나면 문제될 일은 전혀 없어요.

중국 사람들이 특히 좋아하는 한국 문화

한류 열풍으로 한국 드라마와 음악 등 한국의 문화를 꿰고 있는 중국 사람들은
미디어에서 접한 한국 문화를 직접 체험해 보는 걸 굉장히 좋아해요.
마치 드라마 속 주인공이 되어보는 것처럼 말이죠.

배달 문화

중국은 외식 문화가 발달한 나라라 한국의 배달 문화를 무척 신기해해요. 배달 음식 중 가장 인기 있는 메뉴는 치맥과 자장면! 다양한 치킨의 종류에 놀라고 늦은 밤에도 신속하게 배달되는 한국의 배달 문화에 또 한번 놀라워 한답니다.

찜질 문화

어느 동네에나 하나씩은 있는 찜질방. 모르는 사람들과 함께 목욕하는 문화를 낯설어하면서도 재미있어 해요. 중국인 게스트에게 한국 드라마에서처럼 수건으로 양머리도 만들어 쓰고, 맥반석 계란에 식혜 한 모금으로 마무리하는 찜질방 투어는 꼭 추천하죠.

뷰티 문화

이미 중국 사람들에게 유명한 한국인의 꿀피부! 로드샵이 즐비한 명동 거리로 나가기 전에 저에게 화장품에 대해 이것저것 물어봐요. 집에 돌아올 때는 양손 가득 화장품을 사와 제 몫으로 사온 화장품을 선물해 주기도 하죠.

서울 서초구 문숙희 님

"낯선 나라의 동네로 게스트를 만나러 가는 여행을 떠나요."

서초 나이팅게일
서울 서초구 문숙희 님

중학생 때 꿈은 파일럿. 다른 소녀들이 현모양처를 꿈꿀 때, 스스로 조종
간을 잡고 세계 곳곳을 누비고 싶어 했다. 어릴 때부터 밝고 당차고 야
무졌다. 학교를 졸업하고 바로 간호사가 되어 대학 병원에서 근무했고
파독 간호사 모집에 응해 1973년, 스물셋 꽃다운 나이에 독일로 날아갔
다. 그렇게 평생을 이어갈 독일과의 운명적인 만남이 성사됐다.

5년간 독일 남서부 작은 휴양 마을에 머물면서 유럽 전역으로 여행을
다녔다. 누구보다 용감한 탐험가다. 독일어가 유창하지 않았을 때부터
버스를 타고 근교를 돌아다니기 시작했다. 당시 벌었던 돈의 8할은 여
행에 투자했다. 그 점을 가장 잘한 일이라 말한다. 인생에 다시 얻지 못
할 경험을 했기 때문이다. 지금도 두고두고 젊은 날의 유럽을 생각하며
웃음을 짓는다. 여름엔 프랑스 시골에 텐트를 치고 겨울엔 오스트리아
에서 스키를 타던 젊은 날의 추억을 떠올리곤 한다.

한국에 다시 돌아온 건 어느 날 갑자기 찾아온 사랑 때문이었다. 잠시
한국으로 휴가를 왔을 때 친구의 소개로 지금의 남편을 만났다. 자신을

'포토그래퍼'라고 소개하는 남자가 어찌나 멋있던지. 독일 생활을 정리하고 서울로 돌아와 한 남자의 아내이자 아이들의 엄마로 살았다.

그런데 느지막이 시작한 호스팅이 여행 본능을 되살리고 있다. 마음 맞는 게스트와 한반도 방방곡곡을 구경한다. 요즘은 가족과의 여행보다 게스트와 떠나는 여행 횟수가 훨씬 많다. 외국 게스트의 집을 찾아 해외 여행을 떠나기도 한다. 전 세계에 있는 친구들이 열일 제치고 반긴다. 그들은 현지 가이드가 되어 알지 못했던 새로운 문화를 알려 주기도 하고, 아무런 대가 없이 침실을 내어 주기도 한다. 그냥 떠나는 여행보다 훨씬 많은 의미가 담긴 여행이 된다. 에어비앤비를 만나고 인생의 봄날이 다시 한 번 찾아왔다.

숙희	"리타! 벌써 한국에 몇 번째 오는 거야~ 올해는 언제 오나 기다렸다고."
리타	"매번 어머님 덕분에 잘 놀다 가요. 특히 지난 주에 같이 갔던 두물머리는 무척 아름다웠어요!"
숙희	"그치? 우리 남편이랑 내가 좋아하는 곳이야. 참, 다음 달에 리타가 있는 호주에 놀러 갈 것 같아."
리타	"정말요? 호주에서는 저만 믿으세요. 저희 동네의 좋은 곳을 소개해 드릴게요."
숙희	"호호. 호주에서는 리타가 내 가이드네? 우린 정말 재미있는 인연인 것 같아."

파독 간호사
경험이 바꾼 내 인생

내 인생의 전성기는 20대에 독일에서 간호사로 보낸 5년 동안이었다.
간호대학을 졸업하고 얼마 지나지 않아 파독 간호사 모집에 응했고 23
살이라는 어린 나이에 독일의 한 작은 마을에 도착했다. 1973년부터
1978년까지 독일에서 지내는 5년 동안 인생은 달라졌다. 스스로 돈을 벌
어 쓰는 독립적인 사람이 되었고 독일어도 현지인처럼 유창하게 할 수
있게 됐다. 직장 동료들과 동네 사람들이 저녁 식사에 초대해주었고 제
일 친했던 독일 친구와 배낭 하나만 둘러메고 훌쩍 캠핑도 자주 떠났다.

그로부터 30년 뒤, 독일에서 받은 배려와 사랑을 나눠줄 기회가 생겼다.
유학 간 딸의 방에서 호스팅을 시작한 것이다. 독일에 살 때 동네 사람
들이 나에게 내민 온정만큼 한국을 찾은 이방인들에게 따뜻하게 대해야
겠다고 결심했다. 우연히도 첫 번째 게스트가 독일인이었다. 서울에 수
지침을 배우러 온 친구였는데 서로 엄마와 딸처럼 지냈기 때문에 아직
도 기억에 남는다.

지금도 독일에서 게스트가 많이 찾아온다. 에어비앤비 호스트 소개란에
'독일어 가능'이라고 써 놓았기 때문일 거다. 특히 독일 남서부에서 게스

트가 온다고 하면 신난다. 게스트에게 파독 간호사로 근무하던 시절, 독일 남서부 쾰른 근처에 머물 때 자주 먹었던 하드롤 빵을 사다 달라고 부탁한다. 서울 빵집에서는 도무지 그 맛을 찾을 수가 없다. 반대로 독일 게스트가 향수병에 걸렸다 싶으면 고향에서 먹던 독일식 감자 샐러드를 해 주기도 한다. 그렇게 독일과 맺은 인연을 계속 이어가고 있다. 지금도 딸의 방에는 독일에서 어학연수를 온 게스트가 머물고 있다.

게스트와 함께하는 한나절 여행

에어비앤비의 장점은 마음 맞는 호스트와 게스트를 짝지어 준다는 점이다. 우리 집에 누가 오는지 미리 알 수 있어서 좋다. 호스트와 게스트 모두 자신의 사진을 올려놓고 직업이나 취미, 여행의 목적을 공유하니 비슷한 사람들끼리 어울리게 되는 것 같다. 지금껏 우리 집을 찾은 게스트들은 나랑 마음이 잘 통했다.

나와 남편은 여행을 무척 좋아한다. 그래서 여행을 좋아하는 친구들이 오면 더욱 반갑다. 게스트가 주말에 심심해하거나 서울 근교의 모습을 궁금해할 때면 종종 함께 나들이를 떠난다. 자주 애용하는 코스는 아침 일찍 운길산 수종사에 올라 다원에서 두물머리를 내려다보며 차를 마시는 것이다.

좀 더 멀리 가고 싶을 땐 국내 여행사의 일일 여행 프로그램을 이용하기도 한다. 물론, 여행사에서는 한국어 안내 서비스만 제공하기 때문에 가는 곳마다 일일이 통역을 하는 건 내 몫이다. 그런데도 번거롭단 생각보다는 함께 여행하고 추억을 나누니 즐거운 마음이 앞선다. 생각해보니 딸아이와 함께한 여행보다 게스트와 함께 떠난 여행이 더욱 많은 것 같다. 자전거 타는 걸 좋아하는 게스트가 오면 함께 자전거를 타러 한강으로 나간다. 강변을 따라 잠수교, 미사리 조정경기장까지 가는 건 식은 죽 먹기. 마음을 먹은 날은 분당, 금강까지도 달려간다. 직접 싼 김밥을 가지고 게스트와 함께!

출가한 딸과 사회생활로 바쁜 남편의 자리를 대신해준 건 다름 아닌 우리 집을 찾은 게스트들이다. 남는 방을 공유하면서 누군가와 같은 순간을 공유하는 멋진 여행을 다시 만끽하게 됐다.

세계적인 인맥을 자랑하는 대한민국 주부

짧은 시간이지만 깊이 인연을 맺은 게스트와는 가족처럼 친근한 사이가 된다. 식탁에 앉아서 사근사근 자기가 사는 동네를 자랑하는 걸 듣다 보면 그 동네를 방문하고 싶어진다. 게스트들은 살갑게도 휴대 전화에 담겨있는 자기네 집 사진을 보여주면서 언제든지 놀러 오라고 초대한다.

호주에 사는 '리타'와는 특별한 인연이 있다. 리타가 서울에 한국어를 배우러 오면서 우리 집에 1년간 머물렀는데 그걸 계기로 매년 한 번씩 꼭 서울을, 우리 집을 방문해서 딸처럼 굴다 간다. 나중에는 우리 가족들과도 친해졌고 당시 시드니에 있던 딸아이를 자신이 사는 브리즈번으로 초청해 자리를 잡도록 도와주기도 했다. 딸이 학교에 다니고 직업을 구할 동안 리타의 이모 집에서 머물 수 있도록 배려해 준 것이다. 그때 나도 브리즈번에 리타와 딸을 만나러 갔었다. 리타의 이모는 집에 내 침실까지 마련해 주는 건 물론 맛있는 바비큐까지 대접해줬다. 서울에서 호스트와 게스트로 맺은 인연이 브리즈번까지 이어지다니! 무척 신기하고 귀한 경험이었다. 지금도 리타와는 소중한 인연을 계속 이어가고 있다. 작년에도 우리 집을 찾아와 호주에서 가져온 선물을 잔뜩 안겨 주고 돌아갔다.

또 친구들과 일본 도쿄에 놀러 갔을 땐 게스트가 직접 나와 가이드를 자처했다. 도쿄에 사는 어머니와 딸이 우리 집에 게스트로 온 적이 있었는데 그때의 인연으로 도움을 받은 것이다. 일본에 간다고 연락했더니 선뜻 마중을 나와 유명한 관광지도 안내해 주고 함께 식사도 했다. 현지인이 직접 나와 안내를 해 준다는 것에 친구들은 감탄을 금치 못했다. 어찌나 뿌듯하던지 어깨가 으쓱 올라갔다. 누가 알았을까? 평범하던 대한민국 주부가 세계적인 인맥을 자랑하게 될 거라는 것을! 에어비앤비 덕분에 더욱 활기차게 지낼 수 있었다. 게스트의 집을 찾아 세계 여행을 떠날 수 있도록 해 주었으니 말이다. 평생 해 왔던 여행 가운데 새로운 테마가 생겼다. '다음에는 어느 게스트를 만나러 갈까?' 즐거운 상상을 하면 오늘도 빙글빙글 웃음이 난다.

게스트와
새로운 관계 맺기

호스트 중에는 집으로 돌아간 게스트와 계속 안부를 주고받으며 친밀한 관계를
유지하는 분들이 많아요. 사실 게스트와 지속적인 관계를 맺는 건 전혀 어렵지 않아요.
그들을 내 자녀와 같이 한 가족으로 받아들이는 것. 그게 전부죠.
그런 마음은 결국 게스트에게 닿게 되어 있으니까요.

게스트의 마음을 여는 숙희 님만의 비법이 있나요?

오랫동안 호스팅을 하면서 느낀 건데요. 여행으로 면역력이 약해져 감기에 걸리는 게스트들이 많더라고요. 그때를 대비해 집에 감기에 좋은 모과차와 생강차, 유자차를 준비해 놓았어요. 감기가 나을 때까지 수시로 따뜻한 차를 마시면 초기 감기를 잡는데 효과가 아주 좋거든요.

집으로 돌아간 게스트와 꾸준히 연락하는 비결이 무엇인가요?

좋은 추억을 만들고 집으로 돌아가는 친구들에게는 다시 연락이 오더라고요. 반대로 제가 먼저 우리 집에 묵어 간 게스트에게 연락을 하기도 해요. '너희 나라로 여행을 가게 되었다.'라고 메시지를 보내고 시간이 맞으면 진짜 만나기도 하죠. 한국 사람들은 혹시 폐가 되지는 않을까 먼저 연락하는 거에 대해 조심스러워 하는데, 실제로 연락을 하면 그 누구보다도 반겨준답니다.

게스트에게 선물을 준다면 어떤 선물이 좋을까요?

서로에게 부담이 되지 않는 선에서 준비하는 게 가장 좋아요. 예를 들면 한국의 미가 담긴 작은 액세서리나 기념품같은 것들이 선물로 적당하죠. 그리고 저는 게스트로부터 뜻하지 않게 먼저 선물을 받았을 때는 꼭 답례를 해요. 김이나 초코 과자같은 작은 답례품에도 아이 같이 좋아하기 때문에 게스트에게 줄 선물을 미처 준비하지 못했어도 걱정하지 않아도 돼요.

게스트와 함께하는
자전거 여행

제 취미는 자전거 타기예요. 꽤 오랜 기간 동호회 활동을 해 온 터라 라이딩만큼은
자신 있어요. 자전거 타는 걸 즐기는 게스트를 만나면 함께 한강로를 따라 달려보지 않겠냐고
슬쩍 권해보기도 하죠. 운동하며 흘린 땀만큼 친밀감도 높아지니까요.

반포 한강공원

집 근처 반포 한강공원에는 자전거를 빌려주는 반포대여소가 있어요. 저녁 무렵, 날이 선선해지면 게스트와 함께 가볍게 30~40분 한강 주변을 산책하듯 자전거를 타죠. 게스트와 2인용 자전거를 타도 재미있어요.

주소 : 반포대여소 (고속터미널역 8-2번 출구에서 도보 15분 거리. 반포나들목 입구 100m 이내)

난지 한강공원

자전거를 좀 탄다 싶은 친구와 함께하는 라이딩 코스는 우리 집에서 난지 한강공원까지 다녀오는 길이에요. 약 1시간 정도 걸리죠. 중간중간 한강을 끼고 펼쳐지는 경관을 감상할 수도 있어요. 난지 한강공원까지 가기 힘들다면 여의도 63스퀘어가 있는 여의도 한강공원을 돌고 오는 것도 충분해요.

주소 : 난지 한강공원 (서울특별시 마포구 한강난지로 162 한강공원) / 여의도 한강공원 (서울특별시 영등포구 여의도동 8)

분당 탄천길

제가 가장 좋아하는 코스는 탄천을 따라 분당까지 다녀오는 길이에요. 2~3시간 정도 걸리지만, 사시사철 풍경이 달라져 언제 가도 지루할 틈이 없죠. 그리고 분당에는 예쁜 카페거리가 있어요. 목이 마르거나 쉬고 싶을 때 카페에서 게스트와 담소를 나누고 땀도 식히며 여유를 즐길 수 있는 코스죠.

제주 행원리 오혜성 님

"고향에서 찾은 제2의 인생이 더욱 풍부해졌어요."

제주도 만능 열정맨
제주 행원리 오혜성 님

제주도에서 태어나 부산에서 자랐다. 아름다운 아내와 꾸린 단란한 가정 다음으로 친구들과의 우정이 가장 소중한 사나이 중 사나이. 친구나 이웃이 도움을 청하면 제일 먼저 달려간다. 왕년에 부산에서 볼링 챔피언으로 이름을 날렸는가 하면 헬스 삼매경에 빠지기도 했던 열정적인 스포츠맨이다.

부산에서 사업을 하면서 남부럽지 않을 만큼 성공을 손에 거머쥔 찰나, 자꾸만 고향인 제주도가 눈에 밟힌다. "가고 싶으면 가야지!" 하고 싶은 일은 일단 밀어 부치고 보는 화끈한 성격을 십분 발휘해 제주도에 집을 짓기로 결심했다. 직접 도안을 그리고 바다 건너 자재를 공수해 가며 외할아버지의 집터에 꿈에 그리던 지중해풍 집을 완성했다. 2층 베란다에 서면 그간 고생한 기억을 싹 쓸고 갈 만큼 시원하게 펼쳐진 고향의 바다가 보인다.

최근에는 아내와 함께 제주도로 거처를 옮기고 에어비앤비 호스트에 도전했다. 한적한 동네로 이사하면서 줄어든 사람들과의 소통을 채우기 위함이다. 이젠 동네 어르신들 도와드리랴, 집을 찾은 게스트를 버선발로 맞으랴, 봄이면 고사리를 캐고 가을에는 문어를 잡아 함께 나누랴 심심할 틈이 없다.

에어비앤비의 초보 호스트가 되면서 두근대는 마음으로 각 지역에서, 각 세계에서 문을 두드리는 게스트를 기다리는 게 좋다. 그들과 함께 나누는 대화는 일상에 활력을 불어넣고, 도란도란 모여 앉아 즐기는 음식의 맛은 아내와 둘이 먹는 것보다 훨씬 꿀맛이다. 나이가 들어 다시 찾은 고향, 제주도에서 제2의 인생이 시작됐다.

혜성	"오늘 다녀간 할머니 참 정정하시지? 댁에 잘 도착하셨는지 연락해 봐야겠어."
희정	"아흔을 넘기셨는데 어찌나 건강하시던지. 당신도 할아버님, 할머님 생각났겠어요."
혜성	"그러게. 돌아가신 할아버지, 할머니 생각나서 더 잘해 드리고 싶더라고. 오랜만에 대가족이 모여 앉아 얘기 나누는 것 같아서 좋았어."
희정	"저도 이런 기회에 다양한 분들이랑 만날 수 있어서 참 좋더라고요."
혜성	"답장 왔다. 잘 도착하셨대! 다음엔 아들, 손주 다 데리고 오고 싶다고 하시네. 하하."

추억이 고스란히 담긴
내 고향, 제주로의 귀향

내 고향은 제주. 15살까지 제주에서 살다가 육지로 전학을 갔고 4년 전까지 쭉 부산에서 살았다. 부산에 살면서도 언제나 제주가 그리웠다. 유년 시절 함께 보낸 고향 친구, 뛰어놀던 바다, 마을 주민 사이에 오가던 정. 고향인 행원리는 늘 마음의 안식처였다. 그렇게 그리워하며 일 년에 한두 번씩은 꼭 제주를 찾았는데 5~6년 전부터는 틈만 나면 제주도행 비행기를 탔다. '제주도 사람들은 언젠가 다시 제주도로 돌아온다.'던 동네 어르신들의 말이 틀리지 않았다. 외할아버지가 사시던 집터에 작은 집 한 채도 마련했다. 머물 곳이 있으니 제주에 오는 빈도는 더욱 잦아졌고 보다 못한 아내가 못 이기는 척 등을 떠밀었다. "여보. 제주도에는 제가 좋아하는 산책로가 많으니 내려가 살아도 괜찮을 것 같아요. 우리 제주도에 가서 살래요?" 그렇게 나의 본격적인 제주 생활이 시작됐다.

지금 우리가 사는 구좌읍 행원리는 어머니의 고향이다. 어릴 적 외할머니 손에 자라서 이 동네에 추억이 많다. 마을 동쪽 끝, 제주도 전통 돌집에서 외할아버지는 언제나 꽃을 가꾸셨다. 근처 월정리에는 게스트하우스며 카페가 경쟁적으로 들어서는 통에 옛 모습이 사라졌지만, 우리 동네는 아직도 나지막한 돌집, 물질하는 해녀들, 추억의 당근 밭 등이 그

대로 남아있다. 어릴 적 함께 자랐던 친구들 몇몇은 아직도 동네에 살고 있었고 나를 기억했다. 덕분에 외할아버지의 체취가 남아있는 이곳에서 어린 시절로 돌아간 듯한 마음으로 살고 있다.

호스팅으로 다시 시작한 내 일

제주도로 이주하는 사람들의 가장 큰 걱정은 '뭐해 먹고 사느냐'다. 나 또한 부산에서 사업을 접고 제주에 내려오면서 내일부터 할 일이 없다 는 게 가장 두려웠다. 실제로 일을 그만둔 후로 사회적 소속감이 없어지 고 무기력해지는 걸 경험하게 되더라. 제주도로 이사 오고 나서 한동안 힘이 들었다. 그러던 중 SNS로 알게 된 에어비앤비란 서비스를 떠올렸 다. "얼마 전 뉴스에서 유명 팝 가수가 해외 공연하러 갈 때 에어비앤비 를 통해서 숙박했단 얘기를 들었어요. 그거 맞죠?" 아내도 에어비앤비 를 알고 있었다. "그래, 우리도 에어비앤비 호스트가 되자!"

마침 지중해의 별장을 모티브로 지은 이층집은 둘이 살기에 너무 크다 는 느낌을 받아서 마당에 작은 바깥채를 지은 직후였다. 캐노피가 있는 침대, 벽난로, 직접 만든 나무 탁자 등 정성과 시간을 들여 지은 이층집 을 그냥 두기에도 아까웠다. 집은 누군가 사용할 때 가장 가치 있는 법 이니까! 외할머니가 어릴 때 늘 해 주시던 말씀도 생각이 났다. "집이건

가게건 뭘 하든 사람들이 많이 오면 좋은 거란다." 사람을 좋아하는 내 성격과도 잘 맞겠다 싶었다.

처음에 에어비앤비 사이트에서 호스트로 인증하고 등록하는 절차가 조금 어렵게 느껴졌다. 몇 번을 시도했지만 프로필 사진을 넣는 일도 쉽지 않았다. 마침 에어비앤비에서 보낸 제주에서 호스트 모임이 열린다는 메일을 받고 모임에 참석했는데, 그곳에서 에어비앤비 직원이 궁금증을 차근차근 풀어 주어 고민을 말끔히 해결할 수 있었다. 호스트 등록을 하니 에어비앤비를 더욱 열심히 운영해야겠다는 결심이 섰다. 주변의 든든한 호스트 친구들도 알게 되어 왠지 모를 소속감도 느껴졌다.

막상 에어비앤비를 시작하려 했을 때, 제일 고민스러웠던 건 우리 집의 가격을 책정하는 것이었다. 경험이 없어 어떤 기준으로 책정해야 할지 모호했다. 그래서 게스트도 만족하고 우리 부부도 만족할 수 있는 선을 먼저 정했다. 또 에어비앤비 사이트를 통해 우리 집과 조건이 비슷한 곳들의 가격도 참고했다. 인원수가 늘어나면 추가되는 비용이 있지만 나는 그런 방법을 원하지 않아 머무는 사람 수와는 상관없이 하루 숙박비만 결정했다. 이렇게 하나부터 열까지 내 손으로 호스트가 될 준비를 했다. 이제는 나도 어엿한 에어비앤비 호스트다. 에어비앤비가 고향에 내려와 사는 나에게 제2의 인생을 열어 주었다.

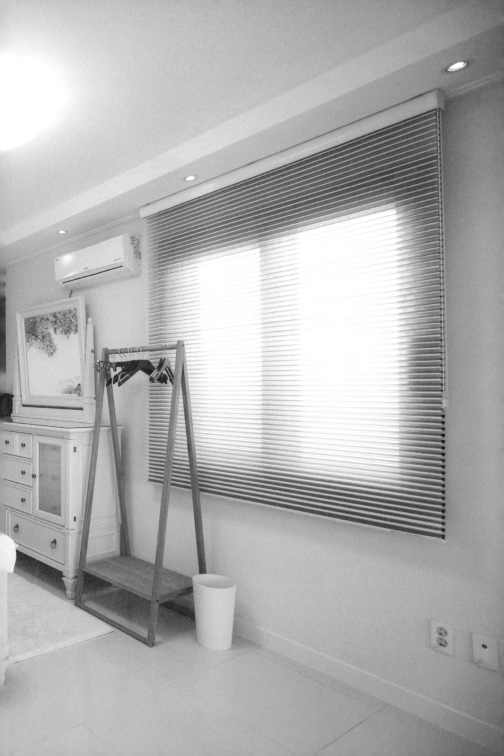

인생의 2막을 더욱 풍성하게 해주는 게스트

새로운 일을 시작한다는 설렘이 좋다. 누군가 내 집에 머물기 위해 온다는 건 멀리서 친구가 찾아오는 것처럼 두근대는 일이다. 의욕이 앞서는 초보 호스트는 게스트에게 뭐든 다 해주고 싶다. 바닷가에서 보말을 줍거나 문어를 잡을 때도 다음에 올 게스트에게 나누어 줄 생각을 하며 조금 더 욕심을 낸다.

우리 집에는 지금껏 3팀의 게스트가 다녀갔다. 그 중에서도 기억에 남는 게스트는 아흔 살이 넘은 할머니와 동행한 가족이었다. 정작 예약한 손주는 못 왔지만 60대 부부가 할머니를 모시고 제주도 여행을 온 것이다. 마침 그날 저녁 물때가 맞아 방금 잡아 온 문어를 삶아서 썰어 드렸다. 함께 먹자고 하셔서 게스트 가족과 아내, 내가 함께 앉아 도란도란 술을 한 잔씩 나눠 먹었던 기억이 아직도 생생하다. 마치 돌아가신 외할머니를 다시 뵌 듯 기뻤다. 며칠 뒤 게스트 가족을 배웅해 드리고 집에 도착할 시간에 맞춰 문자를 보냈더니 금세 답장이 왔다. "덕분에 잘 도착했어요. 할머니가 너무 좋다며 다음에 또 가자고 하셨어요." 마음이 따뜻해지는 순간이었다.

그 다음에는 젊은 여성 게스트 5명이 방문했었다. 남자 손이 필요할 것 같아서 저녁에 바비큐 장비도 마련해주고 힘쓰는 일을 도와 주었다. 자연스럽게 아내와 나도 저녁 식사를 같이 하게 되었는데 아내도 게스트와 이야기 나누는 걸 무척 좋아하더라. 둘만 사는 집에 게스트가 찾아와 외로울 틈 없이 훈기를 더해 준다. 다양한 사람들을 만날 기회가 생기면서 제주 생활은 더욱 풍성해졌고 다음에 어떤 게스트가 올지 생각하면 가슴이 두근댄다.

얼마 전에는 싱가포르에서 예약 문의 메시지가 왔다. 얼른 외국인 게스트도 우리 집에 왔으면 좋겠다. 예전 필리핀에 있는 작은 마을에 여행을 가서 혼자 카메라를 메고선 몇 시간이고 한적한 곳을 걸어 다닌 기억이 있다. 그때 '아! 이게 진짜 여행이지.'하고 생각했었다. 내가 다시 제주로 돌아와 터를 잡고 사는 행원리도 그런 동네. 30년 전 어릴 적 내가 기억하는 진짜 제주도의 모습이 남아있는 곳. 그리고 그곳에는 우리 집을 찾아오는 이를 반기며 버선발로 뛰어나오는 초보 호스트가 있다.

에어비앤비
호스트 시작하기

'에어비앤비 플랫폼만의 장점은 무엇인지', '어떻게 시작해야 하는지', '운영 시 어려움이
있을 때는 어떻게 해결하는지' 등 처음 호스팅을 시작할 때 많은 궁금증이 있을 거에요.
그럴 땐 에어비앤비 호스트 커뮤니티의 도움을 받을 수 있어요.
에어비앤비 사이트나 블로그에서도 다양한 정보를 얻을 수 있고요.

다양한 숙박 플랫폼 중에서 에어비앤비를 선택한 이유는 무엇인가요?

시스템이 깔끔해서 좋았어요. 에어비앤비는 집에 묵었던 게스트만 후기를 남길 수 있으니까요. 뿐만 아니라 저 역시 게스트에 대한 후기를 남길 수 있죠. 양방향 평가가 이루어진다는 부분이 에어비앤비를 선택한 가장 큰 이유였어요. 에어비앤비가 가장 중요하게 생각하는 게 사람 간의 신뢰라고 하는데 플랫폼을 운영하는데 있어서도 그런 부분이 잘 드러나 있는 것 같아 믿음이 갔죠.

처음 게스트를 맞이할 때 가장 신경 썼던 것은 무엇인가요?

게스트 소개와 후기를 꼼꼼하게 읽어봤어요. 우리 집에 올 게스트에 대한 정보가 무엇보다 중요하니까요. 예약을 요청하는 게스트와는 에어비앤비 메신저로 충분한 대화도 나눴어요. 게스트와 호스트, 서로 간의 신뢰를 위해서는 꼭 필요한 절차라고 생각해요.

에어비앤비를 시작한 후 고민이 생겼을 때는 어떻게 해결하셨나요?

제주도 에어비앤비 오프라인 호스트 모임에서 많은 도움을 받았어요. 에어비앤비에서 자주 호스트 미팅을 여는데, 그때 직원 분이 사진을 등록하는 방법과 사이트를 사용하는 법에 대해 자세하게 알려주셨어요. 저 같이 사이트를 잘 사용할 줄 모르는 초보 호스트에게는 정말 좋은 기회였죠. 에어비앤비는 호스트 커뮤니티가 활성화되어 있어 온/오프라인 모임을 통해 다른 호스트를 만나 이야기를 나누고 조언을 구할 수 있어요.

알려지지 않은
제주도 풍경

요즘 제주도를 찾는 사람들이 점점 늘어나고 있어요.
숨이 멎는 자연 경관과 수채화 같은 잔잔한 풍경들이 지천에 널려 있기 때문이죠.
여행객들에게 주목 받는 관광지를 찾는 것도 좋지만, 아직 알려지지 않은
숨은 명소에 가보면 새로운 제주도의 모습을 볼 수 있답니다.

두맹이 골목

익살스럽고 재미난 벽화들을 구경할 수 있는 장소! 자연 경관 외에 색다른 구경거리를 찾는다면 두맹이 골목을 추천해요. 제주 공항 근처에 있어 도착 후 이동하면서 혹은 비행기 타기 전에 가기에도 좋답니다.

주소 : 제주특별자치도 제주시 일도2동

연대봉 생태 탐방로

행원리 어디에서나 보이는 야트막한 연대봉에 우뚝 솟은 정자까지 10분이면 충분히 오를 수 있어요. 동네 뒷산에 나들이 가는 가벼운 마음으로 오르고 나면 앞바다와 동네를 한눈에 내려다볼 수 있죠.

주소 : 제주 제주시 구좌읍 행원리

돈내코 원앙폭포

상록수림에 둘러싸여 있는 원앙폭포는 가는 길도 힐링이 돼요. 자연을 벗 삼아 나무 목재 길을 걸어가다 보면 고운 연못이 나와요. 그 깨끗한 물 속에서 수영을 즐길 수도 있죠. 한라산부터 내려오는 맑은 물이 만들어낸 5m 높이의 폭포를 보면 마음까지 시원해지는 기분을 느끼실 수 있을 거예요.

주소 : 제주특별자치도 서귀포시 돈내코로 137

아홉굿 마을

큰 의자 조형물들을 만나볼 수 있는 곳. 의자를 테마로 꾸며 놓은 작은 마을로 1,000개의 의자가 있어요. 다양한 디자인의 의자들과 의자마다 쓰여 있는 좋은 문구들을 보면서 마음도 몸도 쉬어가기에 좋은 곳이랍니다. 상시 열리는 체험 프로그램도 있으니 사이트에서 미리 정보를 확인하고 가보세요.

주소 : 제주특별자치도 제주시 한경면 낙수로 97

해외에도 에어비앤비를 통해 긍정적인
변화를 경험한 시니어 호스트가 많습니다.

게스트와 나누는 특별한 경험으로 즐거운 삶을 사는 안나,
호스팅 수입으로 건강을 회복하고 새 인생을 시작한 타마,
호스팅으로 가족과의 관계가 더욱 돈독해진 이반.

지금 이 순간에도 에어비앤비는 전 세계 호스트의
삶을 더욱 활기차고 행복하게 만들고 있습니다.

해외 호스트
스토리

안나

레이캬비크, 아이슬란드

"호스팅으로 특별한
경험을 쌓고 있어요."

안나는 아이슬란드에서 태어나고 자랐다.
에어비앤비 호스트인 그녀는 어떻게 현지 음
식과 여행지를 소개하면 게스트에게 기억에
남을 만한 특별한 경험을 선사해 줄 수 있을
까 매일 고민한다.

어느 날, 게스트 에이미가 안나의 집에서 아이슬란드 전통 바이킹식 결혼식을 하고 싶다는 연락을 했다. 안나는 흔쾌히 허락했고, 이 특별한 결혼식은 소문이 나 지역행사가 되었다. 안나의 자매는 에이미에게 바이킹 시대의 헤어스타일을 가르쳐 주고, 안나의 어머니는 직접 전통 케이크도 구워주었다. 안나는 에이미와 함께 결혼식 장소로 쓰일 동굴도 찾아 나섰다. 아이슬란드의 전통적인 바이킹 행사에서는 동굴을 허브와 초, 가리개가 없는 불로 장식하는데 그런 모든 과정을 둘이 함께 했다.

"결혼식은 정말 황홀했어요. 동굴 속 아름다운 에이미의 모습에 다들 눈물을 흘리고 말았죠."

결혼식의 모든 과정을 계획하면서 안나는 매우 행복했다. 안나는 게스트가 자신의 집에서 편히 머물다 가기를 원한다. 그래서 게스트를 위해 그 어떤 일도 마다하지 않는다.

"저는 우리 집을 찾은 게스트들에게 단순히 잠자리를 빌려주기 보다 그들이 새로운 경험을 즐길 수 있도록 돕는 게 좋아요." 안나는 에이비앤비를 시작하길 잘했다고 생각한다. 덕분에 게스트들이 아이슬란드 사람처럼 살아보는 여행을 할 수 있으니까!

타마

뉴욕, 미국

"다양한 일을 하며 생계를 꾸려나갈 수 있게 되었어요."

미국 뉴욕에 사는 타마는 화가이자 교육자이며, 부동산 중개인이다. 전 세계의 경기 침체는 부동산 중개인으로 생활하던 타마의 생계를 위협했다. 건강도 좋지 않아 타격은 더욱 컸다. 하지만 에어비앤비를 시작한 이후 그녀의 삶은 완전히 바뀌었다.

에어비앤비를 시작하면서 얻은 수익은 건강이 악화된 타마의 약값(한 달에 약 1000달러)이 되고, 청구서 비용을 지불할 수 있는 지원금이 되었다. 뉴욕으로 여행을 오는 전 세계의 새로운 친구도 많이 만났다. 또한 보석을 디자인해서 매장에 파는 작은 사업도 시작했다. 에어비앤비가 아니었으면 타마는 아마 파산했거나, 지금 살고 있는 집을 팔 수밖에 없었을 거라고 말한다.

타마는 뉴욕이 여행객들에게 무척 매혹적인 장소라고 말한다. 최근 그녀는 호스트뿐만 아니라 일종의 민간 외교관 같은 역할도 하면서 게스트가 뉴욕의 현지인처럼 살아보는 여행을 하는 데 도움을 주고 있다. 안나가 호스팅을 하며 알게 된 뉴욕의 매력을 게스트에게 마음껏 소개하기 때문이다.

"뉴욕은 단언컨대 최고의 도시예요. 뉴욕은 당신의 생각을 발전시키는 센터 같은 곳이죠.

뉴욕에서 살다 보면 한 가지 일만 할 수는 없을 거예요. 다른 방안을 모색할 수도 있고, 실행할 수도 있죠. 바로 에어비앤비를 통해서요! 저처럼 에어비앤비를 통해 보석 디자인, 민간 외교관 등 또 다른 일거리를 찾을 수 있다는 것이 단순히 숙소를 공유하는 것 이상으로 에어비앤비가 가진 확장성이라고 생각해요."

이반

샌프란시스코, 미국

"우리 가족만의 새로운
유대감을 발견했어요."

이반은 게스트들이 샌프란시스코의 실제 문
화와 분위기를 경험하게끔 돕는 것을 좋아한
다. 이반이 일을 하지 않을 때는 그의 아내 웬
디와 반려견 밀로와 함께 평범한 일상을 보
낸다.

이반은 샌프란시스코에서 출판업을 하고 있다. 그가 출판업을 시작할 수 있게 된 기반을 만드는 데 에어비앤비가 큰 역할을 했다.

이반은 오리건에서 에어비앤비 게스트로 지낸 경험이 무척 좋았다. 그래서 아내에게 에어비앤비를 추천했고, 에어비앤비 호스팅을 시작했다. 호스팅을 하면서 얻은 수입 덕분에 이반은 돈을 벌어야 한다는 부담감을 덜었다. 여유가 생기자 어렸을 때부터 하고 싶었던 출판업을 시작했다.

이반에게는 체스카라는 누이가 있다. 체스카는 그녀의 어린 아들이 4번의 백신 접종을 맞아 힘들어 하던 때의 경험으로 '4는 적기도, 4는 많기도 하다(Four is a Little, Four is a Lot).'라는 책을 썼다. 이 책은 4라는 숫자가 어느 때는 작게 느껴질 때도 있고, 백신을 맞을 때처럼 크게 느껴질 때도 있는 것과 같이 서로 다른 상황에 대해 탐험하는 내용이다.

체스카는 이 책을 쓰고도 한동안 묵혀두었지만, 이반은 이 책을 보자마자 출판하자고 제안했다.

체스카는 아이를 키우는 입장에서 출판할 시간적 여유가 없어 망설였다. 하지만 이반의 전적인 도움을 받아 책을 출판할 수 있게 되었다. 책이 출판되자, 이반은 직접 모든 게스트에게 책을 배포하는 열의도 보였다. 어느 날은 게스트였던 유치원 원장이 책이 정말 마음에 든다며 20권의 복사본을 구매한 일도 있었다.

"에어비앤비 호스팅은 내가 다른 일을 하지 않아도 돼 책을 출판하는데 많은 시간을 사용할 수 있도록 도와주었어요." 무엇보다도 호스팅을 하며 생긴 여유를 통해 이반 가족은 새로운 공통점을 발견했고, 이반과 체스카에게 약 1,400여 명의 독자가 생기는 특별한 경험도 찾아왔다.

에어비앤비
호스팅 가이드

에어비앤비란?

에어비앤비는 191개국 34,000여개 도시 현지인들의 남는 방 혹은 집을 전 세계의 게스트들과 공유하는 세계 최대의 '글로벌 숙박공유 플랫폼'입니다.

게스트
100,000,000+

숙소
2,500,000+

도시
34,000+

국가
191

에어비앤비 호스트가 되어보세요!

집에 빈방이 있나요? 에어비앤비 호스트가 되는 특별한 기회를 놓치지 마세요.

에어비앤비 호스트가 되면 새로운 경험을 기대하는 전 세계의 게스트들과 집을 공유할 수 있습니다. 남는 침실이나 옥탑방, 지하 작업실 등 어떤 공간이든 상관 없어요. 에어비앤비는 더 나은 세상을 만들기 원하는 호스트와 게스트들이 함께 만드는 커뮤니티입니다. 이미 전 세계적으로 수십만 명에 달하는 호스트들이 남는 공간을 공유하고 있습니다. 덕분에 부가 수입도 얻고, 에어비앤비 호스트 보호 프로그램으로 안전하게 호스팅하실 수 있습니다.

에어비앤비 호스트가 되면
새롭고 다양한 기회가 열립니다

부가수입

남는 공간이 새로운 수익원이 됩니다. 에어비엔비에서 얻은 수익을 생활비에 보태거나 하고 싶었던 일과 취미 생활을 시작할 수 있습니다.

글로벌 커뮤니티

에어비엔비 호스트가 되면 글로벌 커뮤니티의 일원이 됩니다. 같은 지역의 호스트뿐만 아니라 전 세계의 호스트와 교류하며 서로 도움을 주고받거나 정보를 교환할 수 있습니다.

전 세계인과의 만남

여행을 떠나지 않고도 전 세계를 여행하는 기분으로 지낼 수 있습니다. 세계 각지의 여행자들을 만나고 친구가 되어 글로벌 네트워크를 만들어 보세요.

자유로운 호스팅

호스트의 집이니 호스트가 원할 때만 공유하는 것이 당연하죠. 예약을 받고 싶은 날짜를 숙소 달력에 표시해 주세요.

지역사회 홍보

호스트가 제공하는 여행지에 관한 풍성한 현지 정보는 게스트들이 에어비엔비를 선택하는 중요한 이유 중 하나입니다. 좋아하는 단골 가게, 식당 등 우리 동네의 진짜 매력을 소개해 보세요.

에어비앤비 시작하기

에어비앤비 호스트가 되려면 우선 에어비앤비에 가입하고 멋진 프로필을 만드세요.

1. 회원 가입하기

에어비앤비 공식 홈페이지(Airbnb.co.kr) 또는 모바일 앱에서 회원 가입을 선택해 아이디 및 패스워드 정보를 입력하면 회원 가입이 완료됩니다.

2. 프로필 완성하기

호감가는 프로필 사진 올리기

프로필 사진은 호스트 프로필에 공개되는 대표 사진으로, 최대한 얼굴이 잘 나온 본인의 사진을 올리면 게스트에게 신뢰를 줄 수 있습니다.

호감가는 자기 소개 작성하기

프로필에서 호스트를 나타내는 중요한 정보를 입력합니다. 가급적 다양한 정보를 제공하여 신뢰감을 높여 줍니다.

3. 본인 인증하기

본인 인증은 에어비앤비 커뮤니티 상의 신뢰도를 높이고 어디에 묵고 누구를 맞이할지 결정하는 요소로 총 4단계의 인증을 모두 완료하면 에어비앤비 인증 완료 배지가 프로필에 표시됩니다.

4단계 인증 : 이메일 인증, 전화번호 인증, 오프라인 신분증 인증, 온라인 프로필 인증

숙소 등록하기

프로필을 완성하셨다면, 이제 전 세계의 게스트를 맞이할 여러분만의 공간을 에어비앤비 사이트에 올려보세요. 숙소 정보 입력에는 3단계 과정이 있습니다.

1. 기본 정보
위치, 유형, 수용 인원, 편의 시설 등 숙소에 대한 기본 정보를 단계별로 입력합니다.

▼

2. 숙소 정보
숙소에 대한 구체적인 설명과 사진을 찍어 업로드합니다. 게스트는 숙소 정보를 보고 회원님의 숙소에 대해 파악할 수 있습니다.

▼

3. 기타 정보
누가, 언제 머물지에 대한 숙소 이용 규칙 및 호스팅의 유형에 맞게 요금 설정을 할 수 있습니다.

이 모든 과정은 에어비앤비가 도와드립니다. 숙소 준비부터 요금 선택, 현지 법에 따른 의무에 대한 이해까지 각 단계마다 필요한 도구와 정보를 제공해 드립니다.

문의에 응답하기

숙소 등록을 마치고 숙소를 활성화시켰다면 이제 게스트의 예약 문의나 예약 요청 등의 메시지를 기다리세요. 게스트의 메시지에 신속하고 정확하고 친절하게 답변하여 게스트와의 예약이 확정될 수 있게 하세요. 웹사이트나 모바일 앱의 메시지 기능을 통해 메시지에 응대할 수 있습니다.

1. 예약 문의 메시지 응대

대다수의 게스트들은 예약 요청 이전에 호스트에게 문의 메시지를 보내곤 합니다. 이 과정에서 어떻게 답변하는가에 따라 게스트와의 예약이 확정됩니다.

2. 예약 요청 메시지 응대

게스트에게 '예약 요청' 메시지가 온다면 게스트가 이미 숙소 예약을 위한 사전 결제를 완료한 것입니다. 호스트는 요청을 수락하거나 거절할 수 있습니다.

게스트 맞이하기

예약을 받으셨다면 게스트를 따뜻하게 맞이해 주세요. 아침을 제공하는 호스트도 있고, 보다 자유로운 방식을 선호하는 호스트도 있습니다. 호스팅 방식은 전적으로 호스트가 결정할 수 있습니다. 에어비앤비의 6가지 호스팅 기준을 바탕으로 훌륭하고 믿을 수 있는 호스팅을 제공하고 좋은 후기를 받아 멋진 호스트가 되어보세요.

1. 예약 가능 설정 업데이트

숙소에 누가 머물지에 대한 결정은 언제나 호스트에게 있습니다. 달력과 숙소 정보를 업데이트하면 수락할 수 있는 예약 요청을 받을 확률이 높아집니다.

2. 의사소통

게스트가 연락을 해 오면 예약 여부와 상관없이 신속하게 응답합니다.

3. 예약 이행

게스트는 예약이 수락되면 호스트가 숙박을 책임져 줄 것이라고 믿게 됩니다. 예기치 못한 일이 발생하여 수락한 예약을 취소할 수밖에 없다면, 게스트에게 즉시 알리세요.

4. 체크인

게스트는 숙박을 종료할 때 체크인 절차에 대해 평가합니다. 가급적 명확하고 간편하게 체크인을 진행하여 게스트를 편안하게 해주는 것이 중요합니다.

5. 정확성

프로필과 숙소 페이지를 상세하게 작성하면 호스팅 스타일에 맞는 게스트를 유치하고 좋은 점수를 받을 수 있습니다.

6. 청결도

숙소가 청결하고 깔끔해야 더욱 돋보이고 매력적으로 느껴집니다. 특히 예약이 연달아 있을 경우, 청소할 시간을 충분히 확보하여 숙소를 깨끗하게 관리합니다.

호스트 보호 프로그램

에어비앤비에는 호스트 보호 프로그램이 준비되어 있습니다. 사고로 회원님의 집이나 물건에 피해가 발생할 경우를 대비해 회원님을 보호해주는 프로그램으로 도난, 손상 등의 사고 발생 시 최대 10억 원까지 보상해 드립니다. 보상금 처리는 일부 조건, 제약, 예외 사항의 적용을 받습니다.

자세한 내용은 에어비앤비 호스트 보호 프로그램(https://www.airbnb.co.kr/info/guarantee) 및 호스트 보호 프로그램 이용 약관(https://www.airbnb.co.kr/terms/host_guarantee)의 내용을 참고하시기 바랍니다. 언제든, 어떤 예약이든 마음 놓으세요. 에어비앤비의 가족인 호스트 여러분을 항상 지키겠습니다.

책임감 있는 호스트 되기

호스트의 책임에 대해서 곰곰히 생각해 보시길 바랍니다. 호스트가 되시면 즐거운 경험도 많이 할 수 있지만, 기본적으로 지켜야 할 의무가 따릅니다. 에어비앤비 호스트가 될 것인지 여부를 결정함에 있어, 거주하는 대한민국 지역의 관련 법령을 이해하는 것이 중요합니다.

1. 호스팅 관련 법령의 예시 및 유용한 정보

호스트들이 처음 관련 정보를 조사할 때 도움이 되는 대한민국의 관련 법령과 유용한 정보를 제공합니다.

- 세금을 규율하는 기본적인 법령인 부가가치세법과 소득세법입니다.

- 숙박업 일반을 규율하는 공중위생관리법, 세부지침을 규정하는 동법 시행령입니다.

- 숙박시설의 종류 및 형태를 규정하고 있는 건축법 시행령입니다.

- 외국인관광 도시민박업을 규율하는 관광진흥법, 세부지침이 포함된 동법 시행령과 시행규칙입니다.

- 한옥체험업을 규율하는 관광진흥법 시행령입니다.

- 농어촌민박업을 규율하는 농어촌정비법입니다.

- 유용한 정보로서, 서울시에서 운영하는 게스트하우스, 민박 및 한옥과 관련된 "서울 스테이" 프로그램을 소개하여 드립니다.

2. 호스팅 가능 주택의 예시

- 외국인관광 도시민박업은 관광진흥법 시행령에 따라서 건축법 시행령에 규정된 단독주택, 다가구주택, 아파트, 연립주택, 다세대주택에서 가능합니다.

- 한옥체험업은 관광진흥법 시행령에 따라서 한옥(주요 구조부가 목조 구조로서 한식기와 등을 사용한 건축물 중 고유의 전통미를 간직하고 있는 건축물과 그 부속 시설)에 숙박체험에 적합한 시설을 갖춘 경우에 가능합니다.

- 농어촌민박업은 농어촌정비법에 따라서 건축법 시행령에 규정된 단독주택과 다가구주택에서 가능합니다.

- 외국인관광 도시민박업, 한옥체험업 및 농어촌민박업의 호스팅 가능 주택에서, 건축법령상 업무시설로 분류되는 '오피스텔'은 제외되어 있습니다. 따라서 오피스텔을 대상으로 호스팅을 할 경우 관계 당국의 단속 및 처벌을 받을 위험이 있음을 고지하여 드립니다. (참고로 현행 법령에서 오피스텔은 주택법 시행령 및 건축법 시행령에 규정되어 있으며, "업무를 주로 하며, 분양하거나 임대하는 구획 중 일부 구획에서 숙식을 할 수 있도록 한 건축물로서 국토교통부 장관이 고시하는 기준에 적합한 것"을 의미합니다.)

- 호스트는 자신의 주택이 호스팅 가능 대상인지 여부를 자신의 책임하에 판단하여야 하며, 의문사항이 있는 경우 관할 정부기관에 연락(민원인의 법령해석 요청 방법)하거나 귀하에게 자문을 제공할 변호사에게 도움을 요청하시기 바랍니다.

3. 법령 및 규제 위반 시 호스트의 책임

호스트는 대한민국 법령 등에 위반하는 행위를 일체 하여서는 안 되며, 호스트의 법 위반사실에 관하여 에어비앤비는 아무런 책임을 지지 않습니다. 위의 법령 및 규제 등이 어떻게 적용되는지 의문사항이 있는 경우, 관할 정부기관에 연락(민원인의 법령해석 요청 방법)하거나 귀하에게 자문을 제공할 변호사에게 도움을 요청하시기 바랍니다. 한편 대한민국 내에서도 지역별로 호스팅과 관련하여 특정 요건과 절차를 요구할 수도 있습니다.

호스트의 책임에 대한 정보 : www.airbnb.co.kr/help/responsible-hosting
내 지역의 법과 규정 : www.airbnb.co.kr/help/article/919

호스팅에 관심 있는 분은
언제든 에어비앤비로 연락 주세요.

이제 전 세계 게스트들과 함께 만나고 소통하며
이전에 없던 특별한 세상을 만날 수 있습니다.

고객지원센터 연락처 080-822-0230
이메일 whyhost_kr@airbnb.com

에어비앤비 액티브 시니어 인생 호스팅

빈방으로 찾은 두 번째 청춘

저자	에어비앤비
초판 1쇄 인쇄	2016년 8월 10일
초판 1쇄 발행	2016년 8월 22일

발행처	이야기나무
발행인/편집인	김상아
아트 디렉터	박기영
기획총괄	홍종희
기획/편집	엄지혜, 이서진, 황수민, 이림영옥, 김정예, 박선정, 김윤정
홍보/마케팅	김영란, 한소라
디자인	뉴타입 이미지웍스
사진	김윤해, 박정인
인쇄	중앙 P&L
등록번호	제25100-2011-304호
등록일자	2011년 10월 20일
주소	서울시 마포구 양화로 10길 50 마이빌딩 5층
전화	02-3142-0588
팩스	02-334-1588
이메일	book@bombaram.net
홈페이지	www.yiyaginamu.net
페이스북	www.facebook.com/yiyaginamu
블로그	blog.naver.com/yiyaginamu

ISBN 979-11-85860-23-7 03320

값 15,000원

이 도서의 국립중앙도서관 출판예정도서목록(CIP)은 서지정보유통지원시스템 홈페이지(http://seoji.nl.go.kr)와
국가자료공동목록시스템(http://www.nl.go.kr/kolisnet)에서 이용하실 수 있습니다.(CIP제어번호: 2016019008)